名师名校名校长

凝聚名师共识
回应名师关怀
打造名师品牌
培育名师群体

顾明远题

班主任育人育己方略

『永要德育联盟』主题研讨与实践

BANZHUREN YUREN YUJI FANGLÜE

刘永要／主编
胡碧华　王德军　刘志发／副主编

东北师范大学出版社
长　春

图书在版编目（CIP）数据

班主任育人育己方略："永要德育联盟"主题研讨与实践 / 刘永要主编. — 长春：东北师范大学出版社，2022.10

ISBN 978-7-5681-9668-0

Ⅰ. ①班… Ⅱ. ①刘… Ⅲ. ①中小学生—德育工作—研究 Ⅳ. ①G631

中国版本图书馆CIP数据核字（2022）第196168号

□责任编辑：石　斌　　□封面设计：言之凿
□责任校对：刘彦妮　张小娅　□责任印制：许　冰

东北师范大学出版社出版发行
长春净月经济开发区金宝街 118 号（邮政编码：130117）
电话：0431-84568023
网址：http：//www.nenup.com
北京言之凿文化发展有限公司设计部制版
北京政采印刷服务有限公司印装
北京市中关村科技园区通州园金桥科技产业基地环科中路 17 号（邮编：101102）
2022年10月第1版　2024年1月第1次印刷
幅面尺寸：170mm × 240mm　印张：14.5　字数：217千

定价：58.00元

编 委 会

主　编：刘永要

副主编：胡碧华　王德军　刘志发

编　委：（按姓氏笔画多少排序）

马思怡　王伟凤　卢焕英　卢嘉亮　刘秀苗　孙钦强

孙智翔　严双莲　李芬爱　汪婷婷　张美菊　陆韵妍

陈美君　陈景瑛　欧秀丽　赵　静　袁春琼　黄诗梅

黄碧玉　黑江丽　曾晓霞　曾景志　曾瑞奇

序言

PREFACE

微网研　大德育

（代序）

2021年末，刘永要老师告诉我他们准备整理一本书稿提交给出版社公开出版，我很期待。当刘永要老师邀请我为此书作序的时候，我欣然应允。

2017年以来，我一直关注广东省刘永要名班主任工作室的发展。我感觉永要团队迸发出来的能量是让人惊叹的。在很长一段时间里，他们的微信公众号几乎做到了日更，他们的研讨几乎从未间断，他们的成果也总是一次又一次地通过各种路径呈现在大家的面前，让广东德育领域的同行们刮目相看。他们在短短的一两年时间之内，确实创造了很多让人意想不到的成绩，也让很多中小学一线班主任取得了长足的进步！后来，永要老师热情邀请我加入“永要德育联盟1”研讨群，我有幸参与和见证了一期又一期的研讨主题活动，深切感受到群内涌动着的让人心潮澎湃的力量。

在研讨群内，老师们参与程度之高、参与范围之广、研究问题之多、思考力度之深，都让我感到震撼。让我不禁思考：一个省级工作室团队何以能够创新发展？又凭什么能够突破地域的限制，吸引来自全国各地的教师共同研讨？为何他们能够在短时间之内便能取得这么大的影响力？

工作室主持人刘永要老师是出色的领头羊，他饱含激情，善于创新，把工作室发展成为全国性的“永要德育联盟”，由成立一个工作室到构建一个全省甚至全国都很有影响力的班主任成长共同体，这是极具魄力和魅力的体现。他知人善任、乐于助人，善于引领工作室教师一起研修，共同进步；在自己不断进步的同时，他不忘初心，组建平台引领更多班主任教师们一起成长；他勤奋好学，努力进取，紧密团结了一批优秀的班主任，围绕着班主任工作的方方面面，做了很多有益的探索和尝试；他关爱学生，为学生未来着想，“学而不倦以育己，春风化雨以育人”是他的发展初心，也是他能够孜孜不倦不断进步的基石。

刘永要工作室开展的网络主题研修活动，我称之为“微网研”。这既是一个创新研讨工作的平台，又是一个点燃智慧的平台。这个平台参与人员众多，覆盖范围广泛，研修成果丰富，辐射效果深远。他们开展的主题研讨活动，切入点小，涉及的角度很广，研讨的主题大多来自中小学一线班主任们的实际工作，主题鲜明，针对性强。在这里，众人探讨，集思广益，体现出平等、互助、合作、共赢的思想，这很好地激发了班主任们参与研讨的热情。他们的研讨成果集众多智慧的结晶，既有新的理念，独特的见解，又有很强的操作性，既扩展了班主任的视野，清晰了思路，又在班主任工作的能力、技巧与艺术方面提供了借鉴，对班主任工作具有很好的指导作用。我时而浏览他们公众号上的研讨文稿，颇有感触，收获良多。

刘永要老师说：“助人就是助己，成就别人的同时也是成就自己。”这正是他们能够持续高质量发展的原因之一。我欣慰于他们的发展，也不吝于多次在广东省中小学德育研究会年会、广东省班主任工作论坛等公开场合表扬“永要工作室”。刘永要名班主任工作室在广东省班主任界起到了很好的示范引领作用。

看着书稿，我感觉广东省刘永要名班主任工作室所收获的不仅仅只有这些，这本书只是他们成果的一个缩影。广东省刘永要名班主任工作室在成立之初的一两年时间里，就已经取得了骄人的业绩，时至今日，他们所取得的丰硕研究成果有目共睹，而现在他们要把成果结集成书了，我自然是很高兴的。

微网研，大德育。三个臭皮匠胜过一个诸葛亮。这里既有德育智慧的分享、创新观点的交流、专业成长的促进，又有育人心声的共鸣。这本书在研讨主题、理念引领、成果提炼等方面做了有针对性、有深度、有亮点的梳理和提升，能够为广大一线班主任带来不一样的视角和专业的指引。我相信，此书的出版，能够让广东省刘永要名班主任工作室获得一个比较好的阶段性总结的机会；我也相信，广东省刘永要名班主任工作室能够在提升广东省班主任专业素质、专业能力以及中小学德育工作方面做出更大的贡献。

广东省第二师范学院原党委副书记、广东省中小学德育研究会会长　韩东才

2022年10月

集多方智慧，助专业成长

（自序）

《班主任育人育己方略：“永要德育联盟”主题研讨与实践》这本书在我的心目中拥有较高地位。因为，它是“永要德育联盟”（以下简称永联）蓬勃发展的见证，是永联伊始我们的主要研修路径、团队教师勇于表达的良好呈现，是永联得以在全国德育界拥有广泛影响力的一个重要基础。

从2017年开始，永联便以联盟联通的方式，通过微信群，迅速地汇聚了一大批来自全国各地的对德育工作充满热情的教师。我们以网络主题研修为主要研修方式。2017—2019年，在永联的几个研讨群里，来自全国各地的数千位教师，每个星期都会就不同的话题分享案例、发表观点。经过不懈努力，我们一共研讨了500多期，并积累下了很多值得推广的研讨成果。大部分成果都发表在了“永要德育联盟”公众号上。可以说，在班主任日常工作中常遇到的问题，在我们这里几乎都能找到具体的指引或者获得相关的启发。湖南正高级教师、特级教师成少华老师说：“永要德育联盟矢志原创，让德育走上了专业化、课程化之路，德育切入点把脉精准、洞悉深切、引导有力。老师们的发言言必己出、亮点频频、耐人寻味。为改革开放最前沿地带的南粤大地有这么一批特别钟情德育、心无旁骛的班主任团队点赞！”来自全国各地的教师们，奉献了他们的智慧，营造了充满韵味、富含意义研讨氛围，构建了优质的德育问题解决方略库。

构建永联研讨群，开展主题研讨活动，初心是为了促进教师们的专业发展。经过实践，我们不仅实现了这一个目标，而且，我们还积累下了宝贵的中小学德育案例。回想起当初构建研讨群、设计研讨流程、招募志愿者团队、构思研讨主题、推动研讨进行、收集研讨文字、整理研讨文档、发布研讨成果等一连串的历程，我心中依然感慨万千。永联研讨群，热闹而颇具能量，激情而充满内涵，理性而富有情感。研讨团队不断推出的研讨成果，通过“永要德育联盟”公众号发布，得到了更远更广范围的传播。永联也因坚持研讨、硕果累累，得到了许多名家的关注。这当中包括华东师范大学李伟胜教授、黄向阳教授，广东第二师范学院韩东才教授、李季教授、高家方教授、殷丽萍教授等。不少专家、教授曾经参加过我们的主题研讨活动，比如黄向阳教授怀着浓厚的德育情怀，在百忙中抽出时间，深入引领我们开展主题研讨活动，他循循善诱，修正中小学一线老师的一些陈旧的教育理念，可谓用心良苦。我们对专家、教授们的指引怀着崇高敬意表达感激之情。

永联的主题研讨，与教师们的专业成长有什么关系？关系非常大。教师们围绕着研讨主题，发表自己的观点或者案例，都是以文字的方式表达出来的。把自己的所思所想通过文字表达出来的这个过程，其实就是对自己的观点凝练和梳理的过程；把自己的案例通过文字的方式表达出来，其实就是对案例的总结和反思的过程。想想，每天思考总结，每天写作凝练，专业素养能不提升？每天发表看法，每天经受质疑，每天记录案例，会不进步？永联的主题研讨平台，仿佛为参与研讨的教师们推开了一扇专业发展的窗户，透过这个窗户，教师们汲取到了很多德育观点，学习到了很多班主任工作的技巧，结识了一大批志同道合的人，激发了自己对待工作的热情和对待学生的爱心，收获了自我幸福感。黄玉纯老师说：“永联的每一期的研讨，都让我强烈感觉到大家都是志同道合的教育有心人，有一群人跟自己一起走，教育路上不再孤单寂寞。”吴鲁耿老师说：“一大批能力强、素养高、不图名利的优秀的德育人，他们的专业发展、独特的教育解读观念深深地影响着我，听他们谈教育、论收获、明得失，我的心里越来越敞亮，眼界逐渐开阔，心中的疑惑有时柳暗花明。”黑龙江著名班主任赵春莉老师说：“一直在关注你们。令人钦佩的是持之以恒的热情。用学者的视角看每天，天天都有研究的来源。鲜活具体。用教者的心态来对待，时时都是教育的契机。我看，我思，我做，我写，我听，我说，走在路上，不求路的终点，不慕登的高度，就这样自在地走着。缤纷呈现，不为著书立言，不图一鸣惊人，就这样快乐地交流。是针锋相对，是琴瑟和鸣，是畅快淋漓。在这里，看到的是一些生命恣意开放的年轻人，你们在哪，世界就在哪。”

永联的主题研讨活动，创新点有哪些？永联的主题研讨活动，实现了从注重外压型培训向关注内塑型研修的转变，成为班主任成长的发展模式之一，也是网络研修与德育实践相整合并被推行的应然理由所在。它的创新点很多，主要有以下几个：

第一，兼容并包，和谐共研。我们充分利用碎片化时间，随时关注和参与研讨，突破时空限制，每位研修者皆有平等参与研讨的机会，可争论、可质疑、可附和、可赞赏，兼容并包，和谐共研。

第二，规模宏大，氛围良好。搭建的平台覆盖全国，10多个研修群共有来自全国各地的教师5000余人；氛围良好，不同观点在研修群共存互动和碰撞，进而生发出深层思考。

第三，成果丰硕，传播迅速。研讨成果经过整理，定时发布在“永要德育联盟”公众号上，充分利用互联网传播范围广和传播速度快的特点，把研讨成果扩散到全国各地，以影响更多的教师。

第四，主题广泛，聚焦典型。500多期的研讨主题，基本覆盖了中小学班主任工作及德育中的典型问题。永联的主题研讨成果已然成了班主任工作及德育疑难杂症的解决方案库，也成了诸多参加班主任能力大赛的班主任们的参考资源库。

永联的主题研讨活动，成果斐然，而此书，就是永联主题研讨成果的精编版。翻开目录，看看书中所呈现出来的主题，我们可以看到，这当中既有班级管理小技巧，也有学生问题的处理方式；既有班主任们的困惑，也有班主任们的成长历程；既有家庭教育的点滴，也有亲子关系的构建方法；既有心理问题的梳理，也有成长课堂的探究……书中所选的研讨成果，来源于教师们的工作实际，是鲜活的，是具有生命力的，是极具借鉴意义的。

盼望本书能够让更多中小学一线班主任受益。

是为序。

广东省深圳市格致中学　刘永要

2022年10月

目录

CONTENTS

第六章　行为习惯养成问题

第七章　学生早恋问题

第八章　班级管理问题

第一章

班主任与学校领导的问题

第❶期 班主任和德育处意见不一致时，如何协调？

一、典型案例

班主任作为学校的基石，当遇到学生违纪等日常管理问题，意见和学校（如德育处）不一致时，如何协调？

二、一线碰撞

1. 学校是我们的后台，拆自己的后台，做法不妥当

很多教师都认为，当处理违纪学生，自己的意见与学校领导意见不一致时，一定要尊重领导的意见，先按领导的意见执行。原因有二：①学校是一个单位，自己与领导有从属关系，无规矩不成方圆，一切都要服从安排；②领导的意见肯定有其道理，因为站在不同位置的人，看问题的角度是不同的，很多时候，领导看问题的角度会更高、更全面。当然，如果自己仍然坚持己见，就要通过举例、找证据、讲道理，从学生的角度出发向学校领导提出自己的意见，因为毕竟班主任对学生的情况更加了解！相信大部分领导是讲道理的，只要自己的意见合理、可行，就一定会得到领导的赞同。

佛山市三水区三水中学向子龙老师的观点让人眼前一亮：学校制度是死的，而我们作为“释法者”是活的。我们完全可以就出发点、内容、影响等方面进行灵活阐释。回想年轻时，我总觉得学校的规章制度不近人情，而现在，我觉得一条条校纪校规其实就是人情的凝练表达。

佛山市三水华侨中学李海老师的阐述很详尽，很有条理，很深刻：我想抛出来研讨的问题不是班主任可以自己在班内解决的问题，而是学生违纪了，学校有了明确的处理办法但还没执行。这时班主任的想法（主要是对惩戒的程度的想法）和学校的有所不同。

“社会参与”是学生发展核心素养之一，学生应具备能够适应终身发展和社会发展的必备品格和关键能力。这些必备品格和关键能力都要在校园内得到一定的培养。其中，自觉遵守社会规则（法律、行业规章制度、一些道德约束）是不可缺少的，否则，他将付出极大的社会生存代价。

文明社会的一大特征就是秩序。人人都要遵守社会规则，违反规则就要受到惩罚。现在一些学生对规则缺乏敬畏，主要原因是其在家庭或学校中没有得到很好的教育，没有树立规则意识。如果一个学生离开学校时心中还没有规则意识，那么他在将来的社会很可能会付出更大的生存成本。学校管理严格，目的就是培养学生遵守规则的意识。以宿舍管理为例，违纪学生来到德育处说得较多的是：“我家住得比较远，能不能给次机会或者不停宿”“我没有吵闹”等。我一般这样跟他们说：“家住得远近不是规则要考虑的，规则要考虑的是违纪的事实。在红灯路口，是冲出去还是遵守规则耐心等待，完全取决于你，你冲出去的话，违章就是事实，你有可能撞了别人或者被别人撞了，无论哪种结果，都要你去承担。”

所以，对于学生的违纪，我们要弄清楚的是事实，而不是感性的一句“我相信学生”。事实清楚，我们就按规则去处理。那种置规则于一旁的“打折”做法对学生危害更大，因为这样会让学生产生错觉，让学生以为原来求一求情就可以“免责”。我不反对给学生机会，毕竟，一个人“绝望”了就不太可能努力去改正了，但一定要有条件地给机会（学生初犯的话，学校的处分也不会重，这本身就是给机会），不能无条件地给机会，无条件地给机会往往会不断地刷出新的下限。我认为，如果规则清晰，违纪确认，就按确定的处理办法执行。如果班主任的想法和学校有出入，可以坦诚沟通，但不主张私底下减轻惩戒；倒不如转为鼓励、帮助学生改正错误，渡过难关。

佛山市南海中学分校吴鲁耿老师：班主任与学校领导意见不一致非常正常，我认为应该这样处理：①从学校大局层面出发。班主任应该服从领导意见，否则，班主任各行其是，岂无章法。②不直接质问学校，私底下沟通才聪明。不管你管理班级多有方法，都应该与领导沟通，说出自己管理班级的不同想法，争取与领导达成共识。③选准恰当的沟通时机，如果德育处领导关于班级管理的某个指示刚说出口，你就立刻表示反对，容易使领导产生逆反心理。所谓“急事缓办”，你可以等事情发展到一定程度，领导考虑其他办法的时候，再提出你的意见。④不站在德育处的对立面，说到底，德育处领导也是教育者，与班主任在管理班级上有不同意见是正常的，班主任犯不着因为意见不同就站到德育处的对立面。最重要的是，你真正用心管理好班级，以成绩说话，相信学校会支持你的做法。

2. 原则问题按规定，如果是原则外的问题可以让班主任自己解决

佛山市实验技工学校中层领导崔良颜老师这样说：当处理学生问题的意见和学校领导不一致时，我个人觉得，如果是原则的问题，班主任就听领导的按规则处理，如果是原则外的问题，班主任可以自己解决。

（1）从班主任的角度出发，我从不会因为学生与领导意见不合，因为站在不同的角度对问题的看法就会不同。我会先把自己的意见告诉领导，然后听领导多方考虑后的意见，即便领导的意见与自己的有差距，我最终也会从大局出发。

（2）从学生的角度出发，我更理解班主任的难处，我更多地会在他们的背后支持他们，当他们需要我的时候，我一定会出现，帮他们解决问题。在处理学生问题时，我会让班主任先自己处理，等真的没办法处理时再来找我。当然，有经验的班主任一般遇到小事不会找我，而没经验的班主任则需要我多给予一些引导。不管是班主任还是领导，都是教育工作者，都是为了学生。学生需要和谐稳定，作为教育工作者的我们当然更需要维护那份和谐和稳定了。

佛山市三水华侨中学梁惠苗、三水理工学校麦建华两位老师的意见具有代表性：①谁抓到学生违纪，就以谁的处理意见为主。一般班主任或德育处教师都不会因为针对某个学生而处理他，都是出于规范学生行为、形成良好风气的目的，因而我作为班主任很支持谁抓到到学生违纪，就以谁的处理意见为主！②如果我先抓到了学生违纪，那么我会视事情的严重性先告知级长，再层层上报，获取多方面意见，以做出恰当的惩处，这样就能避免领导与班主任的意见不一致。③当领导抓到了学生违纪，并给出了违纪处理时，我如果觉得处罚过于严重或较轻，就会主动给领导提供该学生的平时表现，然后给出我个人的处理意见，让领导更全面地看待问题，进而共同恰当地处理问题。

关于劝退，我尊重制度。一个学生按照制度要被劝退，必然发生过许多事情，如总是打架，留下来，固然有继续接受教育的可能，但这何尝不是有损其他学生受教育的权利？

三、研讨总结

总之，班主任难免会有与学校领导的处理意见不一致的时候，可以做好三点：一是不能心急。在问题不好处理时，最好不要急着下结论，请领导容许我们缓一下再处理，这样就容易想出更好的办法来解决问题。二是要换位思考。班主任的惯性思维是站在学生的角度看问题；而领导是站在整体的角度看问题，在处理问题时往往就会有取舍。我们当然也要把自己的想法告诉领导，只要我们与领导做到了相互理解，问题解决起来就会容易很多。三是什么时候该服从学校，什么时候该宽容学生，要具体问题具体分析。宽严之度，存乎一心。班主任处理问题要从学校大局出发，从学生的长远发展出发，从一名教师的良知出发。

四、专家视角

广东省名班主任工作室主持人刘永要老师：

（1）感恩领导的宽容。对于教育学生的意见和领导有冲突的问题，我这几年很少碰到，可能是经验丰富了，也可能是领导们看我年纪比较大，所以尊重我的建议，给我空间，让我自主教育学生。我对这些领导的宽容很感激。

（2）掌握通知家长进行家校联合教育的时机。对于什么时候通知家长的问题，我有清晰的认识：初做班主任的时候，领导让我通知家长，我便立刻通知家长，但是现在想来，通知家长，很多时候意味着老师和学生之间的沟通已经无法进行下去，事情已经到了比较难堪的地步，需要寻求家长的支持了。但很多问题其实不必上升到这一个层面，对于高中阶段师生之间的良好关系的建立，班主任应该更有一点耐心。

（3）陈述自己的看法和做法，争取领导的支持和理解。我想，当和领导意见相悖的时候，我们可以委婉地表达自己的建议，把自己的真实想法告诉领导，可以尝试说服领导，争取得到领导的认可。一般来说，领导还是会尊重班主任的意见的。我们如果确实说服不了领导，那么尝试让学生和家长了解学校这样做的理由，以此让家长和学生接受或者说最起码不太反感学校的处理意见。

（4）后续的跟进。我们要及时和领导汇报事情的进展，让领导对自己放心。这是后期我们能否取得领导信任的很重要的一环。

（5）和领导将心比心。领导考虑的往往是全局，而班主任往往考虑的只是自己的一个班，顾及的面会不一样。所以，我们也要从领导的角度出发，想一想领导这样处理的理由是不是具有合理性和可操作性；多和领导沟通，我觉得，作为一个班主任，和领导建立良好的关系还是很重要的。将心比心，彼此尊重，是人与人相处的重要的原则。

（6）坚持做正确的事。我们要坚持做正确的事，要理直气壮而不是盛气凌人。我做班主任这么多年，现在处理学生的问题时，往往都是先从学生的角度去思考：如何才是真的对学生的成长有好处？

广东省德育研究会会长韩东才教授：一般来说，需要学校德育处处理的问题都是比较严重的问题，而学校处理的依据除了制度之外多数是班主任提供的材料。

如果学校处理的意见和班主任的不一样，班主任首先要反思，因为学校看问题的角度更全面。遇到这样的情况，学校都是听了方方面面的意见后甚至是经过会议（班主任参加）来定处理结果的。

专家简介

韩东才，教授，广东省第二师范学院原副书记，广东省德育研究会会长。主要著作有：《学校德育工作新论》合著、副主编（广东高等教育出版社），《大学生人生修养专题研究》合著、主编（中山大学出版社出版），《学校德育改革与借鉴》合著、主编（广东世界图书出版公司），《教师职业道德教程》合著、主编（广东世界图书出版公司），《铸魂工程》主编（中山大学出版社），《班主任基本功》主编（暨南大学出版社），《班主任叙事》主编（暨南大学出版社），此外，在省内外刊物发表了多篇论文。

本期研讨主持人及文档整理人：佛山市北外附校三水外国语学校　冯学问

第二章

社会热点教育话题

第❷期
教育走得太快，请等等落下的灵魂

一、典型案例

在应试教育体制之下，作为被誉为“人类灵魂的工程师”的我们，如何才能摆脱“唯分数论”的紧箍咒，真正从教育的本质出发，塑造一个个具有丰满灵魂的人？

近10多年来，中国的教育有了空前的发展，但在高速发展的同时也迎来了不少的问题，我们教育的问题究竟出现在哪儿？有学者认为，教育的核心问题不是出在我们的方法上，不是出在学生的能力上，不是出在改革上，不是出在技术层面上，而是出在我们的教育缺乏灵魂上。

二、一线碰撞

1. 什么是“灵魂教育”

廉江市第三中学刘常镇：灵魂教育大体可分为美育与德育，美育指的不仅仅是琴棋书画等，它的范围应当更广阔，包括对一切美的欣赏与追求。按照李泽厚先生的说法，德育分为两种：社会性德育与宗教性德育。社会性德育指的是各种各样的社会规范条例，用以约束人们的言行举止。宗教性德育在中国不存在，我把它改成精神性德育。人类有超越于动物的精神性，凡是追求灵魂的丰富与高贵，都可算是一种灵魂追求。

佛山市三水华侨中学李海：“教育之事亦分为三部：智育、德育（意育）、美育（情育）是也。”王国维是我国教育历史上明确提出培养人的德、智、体、美四育主张之第一人。

德育和美育都是人文教育，是“灵魂教育”的主要组成部分。认为美育是德育的一部分的观点并不恰当，当然，非说美育是“大德育”下的一部分也无可厚非。

2. 为什么要追求“灵魂教育”

湛江一中培才学校王德军：考察中国教育史，其理想状态从未实现，今天我们只是走得更快而已！

廉江市第三中学刘常镇：不要说教育界，在所有领域，灵魂都是最欠缺的东西。

佛山市三水理工学校冯小君：我觉得学生十几岁的时候是特别有想法和创造性的。但有时因为受到学业、应试教育的影响，学生的很多想法和兴趣都被抑制了，所以部分学生长大后缺乏个性和创新能力！

3. 怎样才能做到“灵魂教育”

佛山市三水华侨中学李海：德育是“礼”，是“序”（秩序、规范、伦理等），旨在教人树立行为规范，使人获得自觉的道德意识观念。因此，学生在校要遵守纪律、遵守规章制度、尊敬老师、与人和谐相处、接受法制教育等都是德育明确的要求。而美育是“乐”，是“和”，是感性和情感的范畴。美育使人精神平衡，滋养人的心灵，以情动情，使人从审美中受到陶冶。德育和美育是灵魂教育。

佛山市三水区乐平中学邝石强：作为教师，特别是班主任，我们首先要明确自己的职责，不能只关注成绩，不唯中考而中考，不唯成绩而成绩，尽力引导，心态放宽，不能为了成绩而给自己和别人过大的压力。

佛山市三水中学向子龙：评价手段可以调整，可以多元；道德、修养、素质的培养是一个系统工程，需要经济、政治、思文、教育的多方面发力配合。

佛山市三水理工学校冯小君：我们要调整评价方式和手段，不以分数论英雄，鼓励学生多元发展。

廉江市第三中学刘常镇：对于中小学生来说，我认为，灵魂教育的途径有融入大自然以欣赏美和读好书以追求更高的精神境界。

佛山市南海中学分校吴鲁耿：我认为，时代的飞速发展早已超越了灵魂发展的速度，我们需要放慢技术层面的速度，慢下来，等一等。当然，需要整个社会、家庭、学校共同联合起来实现这一宏大目标。

那么，我们在补给孩子的灵魂教育方面能做哪些呢？我认为，可以做到两点：①学做有信仰的教师；②培养爱阅读的学生。

（编者语：针对如何在应试的模式下进行灵魂教育，吴老师提出了引导学生阅读的重要性。其实在本次研讨活动中，还有多名教师都不约而同地提到了阅读的重要意义，如刘永要、梁鹏程、卢惠敏等，这足可以看出阅读在塑造学生人格方面的重要作用。）

佛山市三水华侨中学黄静怡：现实中，并非所有学生都擅长学习，甚至有的学生对应试教育没有丝毫兴趣。我深信先成人，再成才。因此，我对学生关注更多的是关于为人处世的沟通互动，先让学生从人际关系中感到快乐，再谈学习。

佛山市三水理工麦建华：我觉得中等职业学校就是在慢慢拾起那“落下的灵魂”。我们这里，分数的压力不大，但学生的问题较多。一些班主任在常规、琐碎事务中丢失了初心。我相信大多初为人师的班主任还是很有“灵魂”的，还是想搞好美育和德育的，还是想让自己的学生不一样的。所以，首先，班主任要保持心态常青，无论多少岁都要保持刚入行时的心境。其次，班主任要对学生有疼惜之心。学生不是我们的子女，但我们要常常想一想：如果学生是我们的子女，我们会怎么做？我们是有“灵魂”的人，不仅要让我们的子女、家人感到幸福，也要让我们的学生感到幸福。

佛山市三水区大塘镇永平小学卢惠敏：①引导学生多读经典名著。对经典名著的阅读就是陶冶心性的过程，其作用大于说教。班主任不仅要让学生群读、评读一本经典，还要搭建平台让其在公众面前读、背、诵，形成一种研读氛围，让课室、学校成为学生的心灵教化场。②拓宽学生的视野。班主任多引导学生关注社会现象，关注各阶层的生活。班主任可以找先进人物事迹，如打工诗人群体、孝贤人物事迹、稻田计划等，点燃学生精神之火。总之，班主任要使学生相信，除了取得好成绩、考个好大学、找份好工作外，他们的人生还有更多的可能。

4. 如何正确看待“应试教育”

深圳市格致中学刘永要：在成绩面前，很多人急功近利了。急功近利的结果就是直接指向应试，进而批判应试。其实，应试哪能承受那么多指责呢？应试也是一种能力啊。只不过是有些人本末倒置了，让应试成了全部。

佛山市三水中学向子龙：①应试教育或者说知识教育是现代社会的基础，小学到高中的知识学习固然以应试为主，但素质、三观、情感方面的导向和培养也是很重要的。应试教育（知识教育）不能割裂知识与道德，更不能把应试放在素质、道德的对立面。应试也潜移默化地使学生增长了能力，磨炼了意志，明辨了是非。②评价手段可以调整、可以多元，但我们不能一棍子打死应试。我们几代人都是在应试教育出来的，也没见坏到哪里去。③当前一些极端个案有其社会原因，不能一出现一些极端案例就把棍子打在教育上。如果社会病了，不能光靠教育医治。道德、修养、素质的培养是一个系统工程，需要经济、政治、思文、教育的多方面发力配合。反观我们当今的一些教育改革家，将社会问题大部分归责于教育，使教育承载了太多的期望、批评、指责。

佛山市顺德区乐从中学胡燕辉：应试教育并非一无是处。事实上，学生为了适应应试教育所接受一系列培养而形成的能力，如专注力、坚持、计划性、思考力等，恰恰是未来他们进入社会所需要的。应试教育不应该成为众矢之的，需要改进的应该是我们的教学方式和教学内容。

蒙田曾经说过：我们接受教育不是为了适应外界，而是为了丰富自己。柏拉图也曾说过：教育非他，乃是心灵的转向。我们的教育只有摒弃浮躁、功利，回归到教育规律，才能成为真正的灵魂教育。最后引用佛山市三水华侨中学李海老师的一段话来结束我们的研讨——“教育不为过去，也不为现在，而是为未来。”教育不仅是为了未成年人的成长，也是为了我们自己。现在的孩子成人、成才后，将服务于国家、社会、世界，而我们必将受益于他们的劳动。愿每名教师、每所学校都有“灵魂教育”的意识和担当，让每个孩子都成长得更全面。

三、专家视角

专家1：教育的出发点和落脚点都是实现人的发展，让人开发自己的潜能，实现自己的价值，品味人生的幸福。当前，教育实践中出现“唯分数论英雄”等背离教育目的的现象，在一些地区、某些时候还相当严重，这给教育者和受教育者造成极大的困扰甚至伤害。正因为如此，作为教育者的我们更要坚守初心，在实践中坚守岗位，从我做起，从今天做起，做到眼里有人、心中有魂，为了学生健康全面发展而不断努力。

专家2：一本读书笔记的扉页上记录着这样一句话：“教育的真正核心目的，不仅仅是授予知识，培养学生技能，更重要的是使学生形成个性，完善人格。教师须在‘育人’服务中探寻规律，锤炼品格，升华思想，培根铸魂。”

回首为人之师30年，我庆幸的是自己一直在践行成为塑造学生灵魂的精神导师：心怀仁慈，目中有光，遵循教育规律，守住教育常态，不浮躁，不盲从，不功利，更不显摆，力求在耳濡目染中为孩子的灵魂注入仁爱、友善与智慧，还孩子一片清明、润泽、通透的天空。

古希腊哲学家西塞罗说过一句话：“教育的目的是让学生摆脱现实的奴役，而非适应现实。”歌德说：“志向和热爱是伟大行为的双翼。”爱因斯坦也说：“对于一切来说，只有热爱才是最好的老师。”

可是，我们的教育词典里却只有“趁热打铁”，而没有“文火慢炖”。“内卷”中的师生常常在“针尖对麦芒”的状态中进行“教”和“学”，焦虑中的亲子关系更是多了一些“水深火热”。我们也深知教育不是百米冲刺，而是一场“马拉松”；不是比谁跑得快，而是看谁坚持得久。可“当局者迷”，我们总是在孩子长大后才“幡然醒悟”。其实，当我们静下来、慢下来时，孩子一定会交上一张满意的答卷。在这张答卷里，不管是分数、才能，还是能力以及灵魂都很丰满。这，才是教育该有的魅力。

教育是“人学”，是“关系学”，是“慢”的艺术。我们面对站在十字路口的孩童，不歧视，不暴怒，不放弃，给个空间，给点时间，让他们去静思，让他们去体会，让他们去顿悟。我们坚信：每一个孩子都是一朵花，只是花期不一，花时不同，花香各异。每个生命都有尊严，每个生命都值得被尊重，每个生命都应被善待。

为人师者，唯有俯下身子，精心灌溉，细心培植，智慧引领，才能促学生成长、成人、成才；唯有以“赤子之心”挚爱教育，热爱讲台，终身学习，对话学生，才能与学生彼此赋能，彼此成就，彼此成全；唯有以教育家的情怀、境界、心态和智慧为师，才能焕发自我潜能，发挥自我价值。

总而言之，教育是一份沉甸甸的、富有创造性的工作，是对人的价值和生命意义的思考，是对人性回归的呼唤。我们唯愿慢一点，再慢一点，让我们的孩子在教育中不仅获得知识的积累和智力的成长，更获得情感的浸润、意志的磨砺、人格的完善以及心灵的圆满，进而体验到一种精神上的幸福。

专家1简介

李芬爱，阳江市阳东区金湾学校校长，正高级教师；第三批广东省名班主任工作室主持人，广东省家校共育讲师团讲师，阳江市家庭教育讲师团讲师；曾获特级教师、南粤优秀教师、广东省名班主任、广东省三八红旗手、广东省百名优秀德育教师、阳江市优秀共产党员、阳江市名班主任、阳江市三八红旗手等荣誉称号；先后主持4个省级、1个市级和1个区级课题，有3项德育研究成果获省一等奖；40多篇教育教学论文获各级奖励或发表；2021年出版个人专著《教育，请许给孩子一个美好的未来》。

专家2简介

张爱敏，中小学高级教师，全国模范教师，河南省特级教师，河南省名师，河南省教师教育专家，河南省优秀教师，河南省优秀班主任，“李芳式好老师”，第七届河南最具智慧力班主任，享有河南省政府特殊津贴；主持“随笔文与初中生个性成长”等省市级课题6项，均已顺利结项，在《教育时报》等报刊发表教育教学类文章近60篇，参与编著《班主任管理新策略》《班主任工作新思维》等班主任培训书籍；2017年被高等教育出版社有限公司教师发展中心聘为国培专家组成员；2018年被中国教育电视台聘为初中语文坊学科专家；2020年被聘为长垣市首届名班主任工作室主持人。

本期研讨主持人及文档整理人：佛山市三水华侨中学　许莉芬

第❸期
百家争鸣之疫情下的“网络课堂”

一、典型案例

江苏省常州市钟楼实验小学左佑云：班主任对于疫情下的“网络课堂”所使用教学平台的体验如何？停课不停学，班主任如何组织好线上教学，如何看待“网络课堂”？

二、一线碰撞

1. 直播平台体验反馈

目前，“网络课堂”使用钉钉直播平台的最多，其他的还有腾讯课堂、超星学习通、CCtalk等，具体反馈如下。

（1）钉钉。

广东省佛山市惠景中学梁妙娜：钉钉直播平台优点包括以下几点。①直播时可以屏幕共享（手机、电脑均可），有回放功能；②能够多群联播；③支持打卡、发布公告和信息收集统计；④方便教师与学生沟通。钉钉缺点包括以下几点。①过度使用导致眼睛疲劳；②必须每个账号对应一个手机号码，如妈妈进了家长群，孩子就不能用这个手机号码进学生群；③后台统计参与上课人数不准确。

佛山市三水区乐平中学汪婷婷：我利用钉钉直播平台试用了三种上课方式：①屏幕分享。该方式的优点是教师可以把自己电脑的屏幕分享给学生，教师做好课件，根据课件慢慢讲解，学生可以边看课件边听讲解；该方式的缺点是教师看不见学生的学习状态，不能和学生互动，只是单方面讲解。②主播模式。在该模式下，教师只能讲课，不能看课件，这样讲课太枯燥，很难吸引学生的注意力。③视频会议。该方式的优点是教师可以看到每一个学生，也可以让其中任何一个学生回答问题；该方式的缺点是不能分享课件，有些问题用嘴巴很难说清楚。我们学校建议教师先录好视频直接在钉钉播放，以20分钟左右为宜；也可以在网上找一些资源用剪辑软件剪辑成视频播放。

巩义市河洛镇南河渡初级中学张云：钉钉直播平台的优点是操作简单，系统稳定，全校50多位教师基本都可以顺利完成直播教学。钉钉直播平台的缺点：一是直播互动栏的信息在直播结束后依然留在钉钉群中，多则几百条，让群里显得混乱，不方便班级管理及家校沟通；二是批改作业不方便。

（2）腾讯课堂。

佛山市南海区南海中学孙钦强：目前我们区的学校也是采用直播形式上课，用的是腾讯课堂。这个平台的优点是操作比较简单，支持线上互动，如举手上台回答问题、设置线上实时选择题等；其缺点是签到功能不太好用，没有回放功能（后来都做了优化升级）。

（3）超星学习通。

山东省泰安市岱岳区大汶口镇柏子中学侯智继：超星学习通好用，不过不能通过电脑上课，只能通过手机上课。

（4）CCtalk。

湖南省浏阳河中学谌琼：我们用的直播平台是CCtalk，其优点是有回放功能，支持线上互动，如举手回答问题等。

2. 班主任网络课堂的管理策略

河南省荥阳市龙门实验学校黑江丽：班主任对学生的监督，不能仅仅依靠一些冷冰冰的数据，无论这些数据是否准确。其实我们心里很清楚哪些孩子会认真学习，哪些孩子不会很认真学习。班主任除了让学生看到我们在通过后台数据监督他们，更主要的还是多鼓励他们，多与他们互动，另外就是多给予表扬。这个假期，让我感触最深的就是我们班的两个“睡神”，他俩在假期不写作业，甚至白天都不起床，家长哭着求救于我。我就给他俩打电话，关心他们的生活，说我挺想他们的，就是不提作业的事。他们反倒开始写作业了，但是基础太差。我经过他们家长的同意，每天给他们发小学的练习题。他们做完我批改，做全对了我就给他们送花、点赞。这两天的直播课，他们参与很积极，还跟我连麦回答问题。

陕西省凤翔县城关镇石家营中学马红强：教育的改革要从家庭教育开始，这一点都没错。我们学校处于农村地区，学生中留守儿童较多，大多老人没有智能手机，父母的教育观念有待改观。于是，我在学校成立的家庭教育指导中心，这几天派上了用场。我还利用美篇和微信公众号，开通教育连线，为学生家庭和学生服务。

佛山市南海区南海中学孙钦强：为了提高教学效率，我建立了班级学习微信群，并利用问卷星、作业登记簿等小程序来配合网络课堂教学。同时，我在开学第一天召开了“只争朝夕，不负韶华”主题的网络班会，对学生提出明确的要求，如打印出课程表，并据此制订每日学习计划；准时参加直播课，认真听课，做好笔记，及时反馈；按时完成作业并在作业登记簿提交；等等。此外，我还充分利用家长群发布网络课堂相关信息，让家长做好督促工作。

北京市昌平区南邵中学王浩楠：网络课堂作为信息技术的发展产物，是学生必须学会的学习方式。如果怕学生不听讲，可以随机点名让某个学生回答问题。2003年的非典，学生在家里通过电视上课，师生根本没有任何互动，现在的技术比那个时候强太多了。网络课堂既是进行德育的时机，也是培养学生自制力的机会，更是让教师长本事的机会。学生如果喜欢我们的线上教学，那回到学校就更喜欢学习了。

3. 对于网络课堂的观点争鸣

（1）网络课堂对家校合作提出了新的挑战。

甘肃省陇南市武都区教育局陈武红：我们当地都采取了线上教学的方式让学生在家学习。作为教师，也是孩子的家长，我感觉此刻最为重要的不是学习的平台是什么、平台学习的弊端是什么，而是学生是否有自觉性和主动性。家长如果能成为学校教育的合作者，那么对学生在家参加线上学习会起到一定的作用。

（2）网络课堂在农村地区学校推广有难度。

四川省南充市文星中学宋剑宏：我不得不说一些实际情况，在农村学校中，有几个学生家里没有手机，无法进行学习；还有家长跟我讲，只要他们不在身边，孩子就会用手机打游戏，不能完成作业。线上教学对这些孩子来说不是一个公平的方式。我的反思是，面对这样的情况，线上教学在农村地区实行时，真正需要的是什么样的课程？

（3）网络课堂对师生而言是一各种挑战，教学设计需要优化。

贵州省关岭自治县第三中学郭清荣：我们这边只有高三和初三的教师有网络课堂教学经验。不过我查阅过一些相关信息，一些学校误解了“停课不停学”，制作出多种多样的课程视频，许多家长被弄得手忙脚乱，教学效果并不好。对于孩子们来说，网络课堂也许是一件“好事”，因为对之前学校禁用手机的规范，他们总算有了一些反对的理由。我想说的是，设计网络课堂的人怎么不像开发游戏的人一样，能让孩子们着迷。

佛山市三水区乐平中学汪婷婷：我今天也在思考这个问题，因为我自己的小孩（4岁）有两个视频学习课程，一个是充满了参与性的录播课，教师讲完以后就设计相关游戏让学生消化所学的知识；另一个是讲解式的直播课。我的孩子很喜欢录播课，因为可以参与游戏互动；而对于直播课，听一会儿就要找机会跑掉。所以，我在想，要是能够集中资源做出一些精品课，然后多设计一些问题或者游戏让学生参与其中，可能效果会更好。如何能提高线上学习效果，更多的是看学生的参与度，如果设计的内容能够吸引学生积极参与，就有了学习效果的保证。

广东省佛山市三水区西南街道北江小学陆韵妍：线上教学比较适合于高年级的学生，特别是高中生，因为其自主性比较强，可以在教师的教导下学有所得，因有任务指引，不会浪费时间；但线上教学不适合于小学生，特别是低年级小学生，需要家长的监督才能达到实效。

（4）疫情背景下更应重视德育教育。

广州市黄埔区科学城小学钟小英：我个人觉得除了高三，在疫情时期安排网课不是一个好办法。在疫情时期，我们安排学生上网课不只是学文化知识，更多的是引导学生对生命、对人生价值进行思考。疫情期间，家长可以和孩子共读一本书，搜集疫情信息，讨论相关的话题，记录生活中的点滴并以文字的形式呈现，这既是一种陪伴，也是一种成长。想想大年三十驰援湖北的最美逆行者，我们能否引导孩子表达自己的敬意？想想生活中那些坚守岗位的基层干部，想想还滞留在湖北的孩子，我们能不能引导孩子记录发自内心的关心？生活处处值得学、值得写，孩子柔软的心灵会在生活的洗练中逐渐变得坚强。疫情虽然是一种灾难，也是一场最真实的爱的教育。

陕西省凤翔县城关镇石家营中学马红强：目前，对于孩子来说，有一堂最紧要的人生实践课——生命安全教育，即如何防控疫情，健康成长，重新认识大自然。我们这边开展线上教学，但是不上新课，而是以疫情防控知识、德育、劳动教育、心理健康教育、艺术欣赏、生活作息指导、视力保健、身体锻炼及其他寓教于乐的实践活动为主，重要的是使学生知道什么最重要。有人说过这样一句话，教育最大的挑战不是知识，而是如何去应对未来的不确定性。此前在社交媒体上引发关注的山西朔州朔城区一中地理老师兰会云带着11名高中毕业生从朔州一路骑行，历经24次爆胎和17天的艰苦跋涉，途经5省抵达上海，全程1800余千米。这位老师的勇气令人佩服。教育是为了让学生学会未来怎么去面对危险，怎么去面对问题。

广东省东莞中学初中部黄伟芳：我觉得很多时候是学校过度解读了“停课不停学”。一些学校逼着教师开展直播课，弄得教师、家长很累且不能保证学生学习效果。我认为，除了初三、高三需要备考冲刺外，其他年级真的没有必要上直播课。利用这个时间，教师和家长引导高年级学生关注疫情，了解历史上发生过的一些瘟疫，探讨一下这次疫情背后透露的信息；引导低年级学生通过网络了解怎样做好防疫工作；引导所有学生好好看几本书，看看电视，甚至多睡觉，让身体得到充分的休息，这没有什么不好的！

（5）教师应该有走在前面的探索精神。

安徽省宿州砀山县杨庙小学徐云芳：线上教学永远代替不了线下教学，因为线下教学可以及时获取学生反馈。所以，探索线上教学的及时有效反馈是关键一环这会使我国基础教育上一个台阶。对于疫情带来的问题，我们通过探索可以解决，从而促进教育改革。永要老师来砀山做报告，我听后很感动于他的扎实和务实。班主任工作与教学一样，在特定条件下一定有不同特点需要我们不断学习探索。只有在需求与现实的矛盾冲击下才能促使我们学习进步。我们现在不能和学生当堂授课，怎么办？只能摸索了。所以，我想到如何把教科书与多媒体有效结合和合理运用的问题。

深圳市格致中学刘永要：@安徽宿州砀山县杨庙小学的徐云芳老师，感谢您！作为高中教师，我也常为小学教师作讲座，也得到较好的反响，同时受到很多鼓励。有一些教师会有疑惑，怕高中的案例和小学差距太远；有一些教师会想要一些拿来就能用的东西。我会告诉他们，原理是相通的，听讲座，更多的是在汲取理念的同时，改变自己的思维方式和教育理念，再结合自己的实际情况，去构建自己的教育蓝图。理念改变了，实践就有了方向。

安徽省宿州砀山县杨庙小学徐云芳：我在与家长交流时，不把告密作为话题，而是让家长了解孩子点点滴滴的成长，使他们不把学习成绩看作学习的唯一目的。我们还与家长交流教育方法等。30多年弹指一挥间，这期间我与学生之间发生了很多事，其中蕴藏的情感犹如暖流常常温暖我的心。在教学过程中，受教育的不单单是学生，我们也获得了教育和心灵的洗涤，感觉不枉此生。教育就是彼此联络、合而为一的共同成长！

三、专家视角

疫情背景下的网络课堂，让广大师生在最开始都不是很适应，也暴露了很多问题。从网络课堂平台的选择，到网络课堂效率的提高，再到“停课不停学”到底应该是怎样的形式，以及网络课堂教育理念应该是什么等，都是我们需要思考的。不管是哪个方面，我们都要关注学生，做到既不影响教学进度，又控制好网课堂时间，避免学生疲于应付，给学生身体和心理造成过大压力。

专家简介

杨 剑，佛山市南海区南海中学副校长，广东省特级教师，华南师范大学教育硕士兼职导师，广东省中小学新一轮“百千万人才培养工程”名教师培养对象，高中化学高级教师，南海区化学首席教师。

本期研讨主持人及文档整理人：化州市第一小学　曾景志

第❹期
众老师谈“人在旅途”

一、典型案例

有人说，世界是一本书，不旅行的人只看到其中的一页；有人说，灵魂和身体，必须有一个在路上；还有人说，走过的路途是成长。尤其在压力大的时候，“云游四海，浪迹天涯”，是很多人心中的梦。一位老师的辞职信表达得更直接：“世界那么大，我想去看看。”

当寒、暑假到来时，教师终于有时间用旅游这种方式放松心情，并借机走亲访友，看看世界了，这是教师的职业优势之一。下面就让我们来分享同行们的感受吧！

二、一线碰撞

1. 问题困扰：如何解忧

佛山市三水中学附属初中黄群芳：关于旅游，我家孩子爷爷奶奶的观念比较保守，他们认为旅游就是花钱买罪受。我很想让一家老小出去长长见识，可每次提到旅游的话题，老人就反对，他们绝对是不愿意去的，更难办的是他们还要阻止我们去。为此，我老公跟他们发生过不少口角，最终还是哪里也去不成。我们只能在家附近走走，还没去过哪个地方旅游能住上几天的。我女儿一直渴望能坐坐火车、飞机，我也很想带她去名胜景点开阔眼界，可我又不能不顾老人家的强烈反对，再加上这两年弟弟的出生，要带上小的一起去旅游，更是难上加难了。万一小孩子在旅游途中生病了，我们在老人家面前还真不好交代。所以，我们一直没有踏上远途旅游的路，总想着，等孩子大些再计划吧。我也一直很纠结，我的假期旅途该如何规划？求高人指点，感激不尽！

2. 解惑支着儿：走亲、旅游两不误

珠海市紫荆中学刘欢：黄老师，我建议你在假期带孩子去他广州外婆家。

每到假期，我的心就按捺不住对远方的渴望，所以除了大多数时间在家陪孩子或回娘家见父母，我在暑假一般会抽出四五天时间去旅行，寒假一般就待在家。

每次去旅游，最兴奋的是孩子。在旅行途中，孩子显得特别懂事和有担当，对新鲜的事物充满了好奇，只要我在他身边，不管在怎样陌生的环境下他都很愉悦，适应得很快。而且，旅行是一家人难得放松、增进情感、积累美好回忆的好时机。所以，我觉得只要孩子不太小，家中老人身体健康，最好还是能在假期出去走一走。

此外，我把每年两次回娘家陪父母的机会也当成了旅行。不同的城市、不同的环境，给孩子不一样的体验，也增进了我和他的情感。虽然身处异地，但我孩子和外公外婆非常亲，没有任何陌生感。

包头市青山区一机七小陈彩霞：孩子小的时候，我们从内蒙古自驾出发，一路上会路过好多景点，如宁武的芦芽山、应县的木塔、浑源的悬空寺、五台山等，边走边玩，挺不错。孩子第一次看到田地里老乡在打农药，体验了在田里捡土豆，特别高兴。

珠海市紫荆中学刘欢：有时候回老家农村，与大自然亲近，孩子特别高兴。前几年春节回去，大冷天，孩子玩泥沙乐此不疲，我也随他玩，裤子鞋子脏了换干净的继续玩。我本来担心孩子会被冻感冒，但事实是多玩泥巴可以增强免疫力，孩子什么事都没有。

所以，我认为：不管身在何方，只要是能给自己带来新鲜的体验和思考的过程，就算是一场旅行。

广州大学附属中学冉红梅：在孩子上学前，我们也是借走亲访友的机会离家一两天。孩子上学以后，除了假期带孩子回老家（宁夏、内蒙古）之外，我每两周都会带孩子登山、去公园玩或逛街。我也是这样建议家长们的，我反对每个周末都把孩子关在家里。我会建议家长们带孩子去一些广州免费开放的博物馆、青少年科技馆、名胜古迹、公园等。

我出生成长在贺兰山中，小时候无限憧憬着山外的世界。我家有个规矩，每到暑假，姐妹五人里面谁的期末成绩最好，谁就可以和父母或亲戚到山外住在城市里的亲戚家玩，这个做法对激励我们主动学习、开阔眼界很有作用。

3. 人在旅途：行走与思考

阳江市第一职业技术学校郑丽丹：我们要永远行走在路上，远方有更好的风景在等待我们！

阳江市第一中学江涛：人在旅途，不如说是心在旅途，有些人纯粹就是想走走；有些人是有目的地行走，可能内心早就有了对那个地方的向往，那是自己想象中的地方；也有些人把踏上旅途作为一种修行。我们群里的好友来自五湖四海，其实这也是一种资源，互相去对方所在的地方看看，岂不是印证了“有朋自远方来，不亦乐乎”？

佛山市三水区华侨中学胡碧华：不是有句话“旅游就是花钱买累”吗？累并体验着，旅途愉快！行万里路，看风土人情，看世间百态。

佛山市三水区第三中学张佳望：如果不出去走走，你就不知道世界有多大。读万卷书，不如行万里路。行万里路，不如阅人无数！

佛山市高明区第一中学附属初中梁圣东：在国内旅游，我们到黄山、西湖，或到华山、泰山，或到鄱阳湖、长江边，领略祖国的大好河山，在不经意间接受心灵的洗礼。登顶华山，有华山论剑的豪迈；登顶黄山天都峰，有无限风光在险峰的惬意；观赏西湖，感受湖泊无边界的阔大。一言蔽之就是“看山见情操，看水见怀抱”。游山玩水，让自己的品德变得高尚，让自己的胸襟变得广阔。

佛山市三水区三水中学向子龙：实际上，不可能人人做到在假期出门旅游，但我觉得心在旅途，人就在旅途。怎样叫心在旅途呢？对周边万物充满好奇，对看似细微琐碎事物能用心观察，对各类人等能保持敬畏、多倾听，那么即使你的足迹只在本地区内，收获也是多多的；反之，如果你只是忙着赶景点，忙着发微信，忙着摆姿势拍照证明到此一游，不留出一些时间去体验、静思和感悟，哪怕游遍万水千山也会一无所获。

佛山市三水区华侨中学胡碧华：静静地走走看看，成了很多人的追求。高品质的行走值得向往。

河源啸仙中学陈思铭：并不是所有孩子都喜欢外出，对于孩子们来说，玩的环境与物质诱惑永远比不上他们心目中的小玩伴的地位。

佛山市三水区华侨中学胡碧华：我们出去游玩，喜欢找一两个有同龄小孩的家庭一起去。

暑假一定要带着孩子外出旅游吗？是家长要旅游然后扯上孩子，还是孩子真的有旅游的需求？对于孩子们来说，只要有适合的玩伴、适合的游戏，他们就可以不管何时何地都玩得那么开心。就好像很多孩子去到一个地方，不管那个地方风景是多么优美，都比不过他们眼前的一堆沙子那样。如何激发孩子在旅行途中的主观能动性，让“要我游”变成“我要游”，是值得我们和家长思考的问题。

佛山市三水华侨中学翁慧文：作为一名地理老师，我非常喜欢旅行，我也经常跟学生分享旅途趣事，鼓励他们多出门看看。虽然有部分学生也会跟家长旅行，但家长一手包办，难免有点走马观花。

对于地理这门学科，多旅行的学生会更有兴趣。比如，有个学生，她老家在河南，她虽然不是经常旅游，但每年都要往返广东与河南，对京广线及京九线了如指掌。如果家长给出预算，让学生自己做出计划，他们更能体验到如何把钱花在刀刃上，如何更好地规划旅游路线，等等。他们在这个过程中难免会犯错，但每次犯错都是一次成长的机会。

4. 案例举例，他山之石

【案例1】带上孩子去远方。

佛山市三水华侨中学张皇来：我本来很希望和女儿的小伙伴们一起出游，但由于原因种种，最后我们一家三口选择了自驾游。我开始担心的是女儿没有伙伴会不开心，怕长途自驾会让女儿累。但从这两天看来，我所有的担心都是多余的。这两天她一直在坐车，累了在服务站休息，吃东西；困了就睡，睡醒就在车上玩、画画、看风景、听故事……我原以为比较难熬的两天长途，也在轻松愉快中度过了。女儿中班了，还有一年多就上小学，我想在她还没有学业压力前，给她留下些轻松快乐的回忆。

湛江市麻章第二小学陈秀珍：每到暑假，我们一家三口总去旅游。在我儿子六岁时，我们带他去北京玩。当时在火车上，我们怕他闷，特意买了扑克牌和他玩。谁知，他却跑去和同车厢的一群刚上大一的大哥哥大姐姐们（他们也去北京旅游，顺便考察一下将要就读的学校）聊得很投入，玩得不亦乐乎。他很认真地对我们说，他也要在北京读书，让我们星期六、星期日来北京看他就行了，逗得大家哈哈大笑。可见，孩子出外旅游，不但可以欣赏到美景、开阔眼界，还可以锻炼交际能力。

深圳市格致中学刘永要：我带着几个孩子爬珠海景山公园。孩子们一开始兴致勃勃，爬得飞快，但很快就说累了，不想爬了。有说头晕的，有说很累的，有说口渴要喝水的，反正大有半途而废的意思。见此情形，我鼓励他们，让最小的小肥走在最前面；给出奖励方案：待会下山后吃豆腐花；告诉他们很快就到峰顶了。结果孩子们都爬到了山顶。我们看到远处美丽的风景，感觉累是值得的。下山后，孩子们在山脚的树荫下追逐打闹，丝毫没有累的感觉。何为累？为何会累？如何战胜累？值得我们思考。

无锡市光华学校季雪丽：2005年，我带学生参加为期21天的欧洲游学夏令营。在整个行程中，多数孩子一直在重复上车睡觉、景点浏览、超市购物这些事。小魏同学除了购买送给家人的纪念品，在整个行程中重复做的事是景点拍照、上车写日记。在回国的飞机上，我有幸读到小魏那本厚厚的日记，上面不仅记录了欧洲的风景，更有对行程中人和事的分析和看法。到了机场，我和小魏的爸爸交流，才得知他的爸爸一直如此教育孩子，我从中深深受益。

【案例2】2017年夏浙江之旅记事。

广州大学附属中学冉红梅：

（1）此时，我在乌镇。令我心心念念的江南水乡，我终于来了。我在大暑第二日到杭州，流水、古宅，江南古镇风韵甚美。可是，40摄氏度的高温天气，让我们不断调整行程，旅行时间由七日减至四日。第二日我便出现中暑症状，头痛欲裂，即使风光旖旎，我也无心流连。喝两支藿香正气水后，我总算重振精神。

烈日炎炎下的乌镇东栅，依旧人海长龙，木屋傍河而筑，沿河一侧有遮阴长廊，还有长椅，柳枝垂阴，河面小船穿梭，撑船的船夫有节奏地一篙一篙。女儿虽然不停地喊热，却不时举起手机照相，我只好给她买了杯冷饮抚慰她燥热的情绪。路遇一位导游，她头戴凉帽，嘴边是微型的扩音话筒，右手举旗，不断回头催促游客："走了，走了，热死了，不要热晕了。"然后转过身来嘀咕着。我脑海里正思考的教育女儿吃苦的话没有说出口，我和女儿交流一下眼神，无语。参观过茅盾旧居、学堂，我们便逃也似的钻进景区门口的空调餐厅里，全然不顾这间饭店宰客之说，命要紧啊。吃过旅行的苦，我们感悟——旅行也是一种修行。

先写到这里吧，趁早上还不热，我们要去乌镇南北大街转转了。昨晚我和女儿的话题是"职业道德"。我庆幸自己没有把吃苦教育的话说出来，因为女儿懂的道理不少，只是需要实践历练。导游的话成为未入职场的女儿提升素质的反面教材，可见旅行真好！

（2）我现在在绍兴。我为了锻炼女儿，将此次行程交由女儿安排。截至昨天登上乌镇前往萧山机场的大巴，我认为除了热之外，吃、住、行、玩都还算顺利。

可是，大巴车开出乌镇没有多久，女儿惊叫："坏了，我订的机票是27号，今天26号。"寻找原因，她晚上十一点多开始查返程机票，凌晨订票，没察觉时间上又过了一天，所以机票就推后了一天。我建议换票，补差价，计划不变。女儿沉默，拿着手机，计算了一会儿，对我说："妈妈，今天的机票价格（比我们提前购票）每张高出300多元，咱俩可以用这个钱住很好的酒店。因为咱们不赶时间回家，我们把七天计划改成四天，现在只多出一天。那我们再去一个地方吧，机票就不改了，好吗？"没想到十几分钟时间，她就提供了解决方案，有理有据，我不由得称赞她能够冷静、灵活地处理此事。她一本正经地说："问题出在我身上，我有责任解决好它，谢谢您没有埋怨我。"经过筛选，我们决定来到绍兴——鲁迅先生的故里。

人们都希望旅途顺利，我却在这所谓的不顺利中，看到了女儿的成长。我想这大概就是旅行的意义之一。旅途多坎坷，披荆斩棘也精彩，人生亦如此。每一次遇到困惑，都是成长的机会，不要把精力浪费在无谓的抱怨、纠结、推脱责任上，而是要冷静地去解决问题，不放弃、不逃避，这样，困惑就会云开雾散。

5. 结语

看到网上的一段话，笔者十分认同，分享如下：

人生就是一次充满未知的旅行，在乎的是沿途的风景，在乎的是看风景的心情，旅行不会因为美丽的风景终止。走过的路成为背后的风景，不能回头，不能停留，若此刻停留，将会错过更好的风景，保持一份平和，保持一份清醒，享受每一刻的感觉，欣赏每一处的风景，这就是人生。

我在此衷心感谢刘永要老师提供的平台和指导，感谢各位老师就“人在旅途”话题的分享。让我们继续行在路上，乐在心里，一直朝前……

三、专家视角

人在旅途的目的是什么？我认为目的有两个。

一是为了自己的蓄积。当我们尚且精力旺盛时，“身体”不能停，跋山涉水，研学切磋，考察风土人情，广交同道中人，增益其所不能，岂不乐哉！当年岁增长，经历渐多，万事累赘，出行不便时，我们的“灵魂”不能停，应抱有涉猎经典、学习名家、沉思总结、挥笔成章的情怀和斗志，如此，也就对得起自己的灵魂了。

二是为了孩子的成长。我们带孩子出行，不一定要打卡网红景点，但必须到祖国首都走走，登长城、入故宫、观升旗，自小培养孩子的家国情怀和民族自豪感。到语文书上提及的文人故居里思悟，到历史书上提及的断壁残垣前怀古，到地理书上提及的山川海边凝思，赏清华大学校园荷塘月色，游北京大学未名湖，如此这般，孩子的目光就变得坚毅长远了。

规划好自己和孩子的旅途，在旅途中学习、成长、开花、结果。

专家简介

刘　锦，男，广东省化州市新安中学高中正高级语文教师，茂名市第五批基础教育系统名班主任，茂名市教育学会高中语文学科教学专业委员会理事；出版有《做思想型班主任，建学习型班集体》《68张笑脸》等教育教学著作。

本期研讨主持人及文档整理人：广州大学附属中学　冉红梅

第三章

学生心理问题

第5期 学生有心理问题，怎么办？

一、典型案例

广州市南沙大纲中学刘顺宜：

（1）我校有一个学生非常依赖手机，经常带手机入校，家长也同意他带。但是这个行为与学校的规定不相符，我们可以怎么处理？

（2）一个学生从第一日入学开始就以身体不舒服的理由不上学，经常把自己反锁在房间，父母也没办法。

二、一线碰撞

1. 健康安全放在第一位

佛山市第三中学李亚青：我就当他是朋友，他带手机回校可以，但是上课和晚修期间手机必须交给我保管，放学才可以取回。

云南师范大学附属世纪金源学校周苏为：对于第一个案例，我建议教室里装个手机信号屏蔽器，让他觉得把手机带到学校没有任何意义。对于第二个案例，我认为身体健康是第一位的。我们必须让家长意识到他孩子问题的严重性，积极劝说家长带孩子去治疗，这关乎孩子的未来、家庭的命运。我们教师在平时要做好常规管理和记录，安排心理委员、有爱心的同学关注他的动态，及时向家长反馈孩子在校情况。

2. 站在家长的角度看问题，让家长明白抑郁的危害

山东省乐陵市第三中学张凤珍：家长同意孩子带手机，不同意孩子休学，可见家长对孩子管不了或不敢管。鉴于此，家长给予配合的希望不大。但班主任必须向家长讲明玩手机的利弊和对其他学生的不利影响，讲明抑郁的危害及可能导致的后果，并建议家长带孩子寻求心理医生的疏导。

佛山市实验技工学校崔良颜：孩子这样做其实是得到了家长的默认。我们应该邀请家长到学校，让其明白学校的纪律是必须遵守的，让家长配合我们去引导孩子不带手机来学校；或找个孩子相信且喜欢的老师和他谈谈；或找个孩子喜欢又自觉的学生去关心她、影响她，她可能就会慢慢改变。

广州市南沙大岗中学刘顺宜：我们年级级长会让这类孩子暂时停课，在家休养。我们也不是专业人士，不能判断她是否有心理疾病。但是站在管理者的角度，我们不能让一个学生三天两头请假。刚开始家长肯定不同意孩子休学，但是我们应尝试站在家长的角度去跟他们讲明利害，告诉他们这样下去他的女儿不但学不到任何知识，也会因为耽搁了治疗而影响一辈子，还不如休学专心治好病再复学。家长都是爱自己孩子的，我们也希望学生能健康成长。我相信经过解释和劝说，家长会同意孩子休学。所以，我觉得要想做通家长思想工作，就一定要站在他们的角度去思考问题，站在爱护学生的角度去劝说。

湛江市恒盛试验学校梁碧婵：我去年遇到一个患轻度抑郁症的学生，我采取的措施如下：第一，我和家长沟通，让家长带她去看医生，通过药物和心理疏导，让她的病情得以缓解。第二，我让她的闺蜜密切留意她的动向，多陪她，不让她感到孤独，有问题立刻告知我，但不能让班里其他同学知道她的病情。第三，我觉得她的安全最重要，经常和家长保持联系，做好家校沟通，及时对她进行疏导。

浙江省东阳市湖溪高级中学蔡永仙：两年前，我的班里也有一名患抑郁症的学生。她长得很漂亮，学习特别认真，平常不太与同学开玩笑。她第一次发病是在初三第一学期，她的妈妈一直陪在她身边照顾，她在初三第二学期基本恢复正常，正常参加中考，考入了我们学校读高中。因学习认真，她成了班里的团支书。高二第一次选考结束后，她又发病了，先是请假在家休养，两个星期后回到了学校，试读了一天，发现身体吃不消，又回家休养。关于这名学生得抑郁症的事，我没有让班里的其他学生知道，只是当她在校时，让周围同学多关注她，有情况立刻向我报告。我主要做好与她家长的沟通工作，她在不在学校学习，我都与家长保持联系，也建议家长带她去做相关治疗。后来，这名学生在我的建议下，参加了金华的一所高校的自主招生考试，被提前录取了。没有了高考压力后，她渐渐康复了，现在在大学一切安好!

湖南省衡阳市蒸湘区文英小学左佳瑶：我也觉得特殊情况特殊处理，平时对她密切观察，可以适当安排一些事情让她做，分散她玩手机的注意力。我们要和家长多沟通，取得家长信任后，让家长配合我们，只有家长配合的教育才能真正取得成功。对于抑郁症，我们应该重视但不能恐惧，可以不露声色地观察她的抑郁症达到什么程度，然后给予相应的帮助。

广东省化州市第一小学曾景志：心病还要心药治。我觉得学生接受正确的、专业的心理治疗是基本前提，这对大家都好。作为班主任，我允许特殊学生的存在，也会尽力对他做好教育和保护工作。但如果这个学生的情况已经让班主任无法应对了，班主任就一定要慎重对待。在我认为这个案例中，学生的家长有很大的问题，多数学生产生心理问题的根源与他的家庭密切相关，但这个学生家长应该没有意识到自己的行为存在不妥当的地方，还不重视孩子的病情，要求她回学校，这样做对孩子是有害无益的。所以，突破口在家长身上，根源也在家长身上。如果家长不配合，即使是寻求专业的心理医生帮助，也不一定有效果。

3. 营造轻松的氛围帮助孩子

深圳市格致中学刘永要：我觉得班主任应该特事特办，然后和其他学生说清楚，允许特殊的存在。抑郁症应该被重视，之前我们班有一个学生说他去医院检查出患了重度抑郁，一直在吃药控制。他平时看起来相当正常，只是有一次因一件小事就大发脾气，我才开始了解到他的与众不同。他说他一有压力就会控制不住自己，就想要发脾气。抑郁症需要吃药控制，并辅以长期跟踪治疗。

山东省乐陵市第三中学张凤珍：班主任要想接受这个“特殊”的孩子，就要从多个方面尽力而为，如动员与她要好的或她信服的并且自我约束力强的同学与她多主动交流，让她有贴心人，这有利于老师了解她的动态并适时给予关心；想方设法走近她，获得她的信任，成为她的知心人。总之，我们不排斥、不漠然、不慢待，多关心、多帮助、多包容、多引导，施以可以触摸的爱，相信可以让她好转起来。

广东省广州市天河中学杨换青：一旦孩子被医生诊断为患了严重抑郁症，那就属于医学范畴。我们教师干不了医生的活，要做的是配合医生的建议，尽学校、尽教师之责。如果这个孩子已经抑郁到只能靠手机来排解自己的孤独和抑郁，带手机入校又何妨？我想，她的父母不是无视学校的纪律，而是真怕抑郁的孩子失去生命！学校管理应该是各种管理中最有温度的吧！

江苏省南通市海门区能仁中学毛勇进：班主任应多开展、阳光体育活动，让孩子少玩手机，减少孩子压力，多陪伴孩子，当然，如果孩子真的患了抑郁症，就要进行正规的治疗。

安徽省六安市金寨县仙花实验学校冯峰：班主任首先应该寻求心理医生的帮助；接着与这个孩子和平友好地相处，慢慢引导孩子走出内心世界。当然，家长的陪伴十分重要。班主任应该去了解孩子的家庭关系，了解是什么导致孩子变成这样，从根本入手。

云南昆明市晋宁区昆阳第一小学矣愿平：现在患抑郁症的人越来越多，患抑郁症的孩子很可怜！我们作为教师应耐心地教育孩子，多关心她，多和她谈心，发动同学们多帮助这个孩子。

广东省茂名市祥和中学吴宝霞：得抑郁症的学生应该是有很多东西积压在内心，又不懂得如何释放。我们可以教学生一些释放压力的正确方法，如去看看电影、买些好吃的、看看电视，把自己的心事写在本子上，鼓励性格开朗的同学主动与她交朋友。当然，如果她的病情比较严重，我们要注意安全，免得其他学生受到伤害。

广东省化州市第一小学曾景志：学生患抑郁症，应该求助于专业的心理医生，这一点是共识。在家长不认同孩子有心理疾病且拒绝配合的情况下，我们作为班主任会举步维艰。但是，每一个孩子都值得我们关爱，患抑郁症的孩子更是如此。身处一线的班主任应该很有体会，现在的学生问题越来越多，有心理疾病的学生也越来越多。所以，我们只有不断积累心理学知识，提升自我专业素养，才能应对更多的挑战。

三、专家视角

（1）首先，患重度抑郁症的孩子一定要接受医院的正规治疗，并且要遵循医嘱，如是否需要住院、休学等。

（2）孩子要接受专业且长期的心理辅导。

（3）从孩子的心理状态和父母不同意休学这两方面的信息推测，这个孩子可能有严格且控制欲强的父母。孩子在成长的过程中，可能会有受限制、不自由的感受。所以，这些症状也许是他反抗控制的一种方式。

（4）孩子在学校挑战规则、反抗权威（教师），可能是他和父母抗争的一次重现。他会觉得被限制，不公平。

（5）在不影响学校秩序的情况下，班主任可以建议学校给孩子一些宽容度。这样的孩子正处于强烈反抗状态，不能理性思考，争取权力是他们的主要诉求。临床上常会出现孩子因为和学校规则的强烈对峙而辍学的案例。

（6）还有一种可能，孩子学习已经跟不上了，或者没有同伴，感到边缘化和孤单，才会让手机成他强烈依赖的对象。所以，老师和同学可以给孩子更多的接纳和关心（也不用过度），让孩子感觉到被关心且有归属感。

（7）如果孩子学习真的跟不上了，父母要有现实检验能力，可考虑让孩子上职中或其他学校。大学是唯一出路的观念会压垮很多孩子。

专家简介

黄晓芳，女，首都师范大学教育心理学本科，中国科学院心理所医学心理学研究生；香港大学婚姻家庭治疗师，国家二级心理咨询师，中国家庭教育学会家校社专委会理事，中国心理卫生协会专业委员会委员，广东省心理咨询师协会家庭教育专业委员会副主任委员，广东省麦田教育家庭顾问中心创始人，广东省婚姻家庭协会专家顾问，广东省女子外语学院特聘讲师，广东省建设银行员工心理健康培训特约专家，广州市儿童青少年学会副会长，广州市团省委“12355”心理热线督导师，广州市消防大队官兵心理健康培训特约专家，中国科学院心理咨询师培训特聘讲师，武志红心理工作室合作咨询师。

本期研讨主持人及文档整理人：化州市第一小学　曾景志

第6期
考试前后学生焦虑、失控怎么办?

一、典型案例

月考刚刚结束，又是几家欢喜几家忧。几个原本成绩不错的孩子这次却出奇地“掉链子”，他们趴在座位上就像石雕一样纹丝不动。看到他们失魂落魄的样子我就觉得特别揪心。他们眼里透露出的失望和焦虑让我去深思：“考试前后学生焦虑、失控怎么办？”

二、一线碰撞

1. 考试前后焦虑、失控的原因、案例及危害

安徽金寨县金城学校刘亚红：生理学家告诉我们，我们的大脑中有一块区域叫作“杏仁核”，它负责“预警”。这个杏仁核在没事的时候不停地扫描你的大脑，当内心比较平静的时候，你感觉不到它的存在。但是在你担心考试考不好时，杏仁核就会扫描到这个信息，你就会兴奋，心脏的供氧功能会加强，思维速度会加快。随着这种状态的加剧，你就会拼命地克制自己，不断压制自己的应激反应，杏仁核就会更加关注这个状态，放大它的影响，就像火上浇油一样。这个时候，你全部的思维都集中在这里救火，再没有余力去答试卷，脑子里开始出现一片空白。处于这种状态自然无法从容应试。

焦虑、失控影响学生考试时的正常发挥，甚至使其恐惧考试、放弃考试。

为了解决这个问题，我们首先应该找出学生考试前后焦虑、失控的原因有哪些。具体如下：

（1）学生自我心理承受能力差，害怕考试成绩下滑，害怕自己的名次靠后，在乎周围学生和教师的看法，等等。

（2）家庭对学生的期望值较高，家长有攀比心理。

（3）学生自己非常看重荣誉和成绩。

（4）考试前受到朋友关系、舍友关系、同学关系、师生关系、亲情关系的突然变化的影响，或者亲人离世、父母离婚的影响等。

佛山市三水区三水中学彭洁：我今年带高三，班上有个复读生，每次一到数学测试的晚上必请假。昨天八校联考，我以为他不会来考试，可他居然来了。但是他今天早上在家哭，死活不肯来考剩下的两场。我通过和他一个月的接触了解到，他很好面子，很注重结果，怕分数太低，同学看不起他。有时候，学生的考前焦虑不安，更多的是对结果的过分在乎导致的。所以，班主任和家长要引导学生正确看待考试结果。

佛山市三水中学附属初中黄群芳：我带的上届毕业班上有个学生，中考前一个月左右开始焦虑、失眠，总说这里不舒服那里不舒服，只要一请假回家，就不肯回校。他爸爸又是个脾气急的，父子俩一说话就会吵架。他妈妈怕他出事，不上班在家陪着他。他说他失眠，所以白天就把自己封闭在房间里，不肯面对即将到来的中考。对此他爸妈毫无办法，只好隔三岔五地帮他请假。他回校后表面上还算正常，跟同学也是有说有笑的样子，但过不了几天，又要请假回家。

我多次跟他谈心，鼓励他，对他进行疏导，但似乎效果不佳，也许我还没做到对症下药吧，自己感觉挺失败的。中考前十天，他又请假回家，他爸爸一急，跟他说了狠话，他很激动，双方差点打起来了。后来他妈妈打电话向我叙说情况，于是我跟级长汇报了情况，就赶去他家进行家访。到了他家，他爸爸已上班去了，就他和他妈妈在家，我先安慰他妈妈，叫她务必冷静。我跟他妈妈在客厅聊天时，他锁着门一直在房间。我去敲门，很温柔地跟他说我担心他，希望能跟他聊聊。一直以来他对我还算敬重，知道我一直对他好，所以很快开了门。我跟他聊了很久。我先听他说，表示理解他的心情，再提出建议，让他下午去找中医调理一下，改善失眠症状。后来他顺从地跟他妈妈去看了中医，吃了几天中药后，情况有所好转，于是回校了。这时离中考仅剩一周，我也不敢太刺激他，怕影响他的情绪。就这样他平静地度过最后一周，参加了中考。中考后他还负责组织了毕业宴。但遗憾的是，他还是没考上高中，最后去读了技术学校。

我分享这个案例出来，是想让大家帮我分析一下，遇到这种情况，我们作为班主任应该如何做？他是临界生，如果最后一个月他不是那样，他是有机会上高中的。

鉴于以上事例，我们知道，调整孩子们考前焦虑、失控的情绪，教师和家长的引导起着至关重要的作用。正如惠州市第八中学金瑞华老师所说：我觉得学生考试前的紧张感可以在平时的教学中，通过教师的引导得到缓解。例如，平时教师引导学生好好写作业，好好练习单元测试。关键的是，教师要引导学生对考试建立正确的态度，如果他对每次的大考小考都是一样重视的话，那么每次考试就不会对他造成影响。

2. 根据所给案例支招儿

汕头市嘉顿学校林桂珍老师为佛山市三水中学附属初中黄群芳老师支着儿：您说的是考前焦虑，学生没有处理好焦虑情绪就会影响学习和考试成绩，甚至会有后遗症。这属于心理学范畴，进行减压调整会有所好转，甚至提高成绩，并非中医能解决的。中医只是起到一定的辅助作用。以后遇到类似情况，您还是建议学生去咨询心理老师或者心理咨询师比较好！

佛山市三水中学附属初中黄群芳老师对汕头市嘉顿学校林桂珍老师建议的回复：案例中的主人公是怎么都不肯接受心理辅导啊！非常感谢您的建议，只是，如何才能说服他去做心理咨询？我当时是建议过他的，无奈他不肯。所以我后来才说服他去看中医调理，说是为了改善睡眠他才肯去的。当时他的家长也不想带他去找心理咨询师，让我不要刺激他，所以我也不知该如何处理才好。

佛山市三水区实验小学的黄诗梅老师为佛山市三水中学附属初中黄群芳老师支招儿：通过心理辅导干预学生的不良行为其实是最有效果的做法。在一些配置比较完善的学校会有心理咨询师跟进出现问题的学生。可是，我们难以启齿让家长带孩子做心理咨询，主要的原因是家长认为做心理咨询是一件不光彩的事情，这导致孩子不能及时接受心理辅导。心理辅导的最好时机一旦错过，会有很多后续的不良影响。虽然我持的是心理学B证，但我没有从业资格，不能对需要心理辅导的孩子妄下判断。所以，我一般会从孩子的身体健康状况、精神状态出发，如孩子的身体偏瘦（偏胖）、近段时间没怎么长个子、睡眠质量不好、容易发脾气等，建议家长找医生看看。家长注重孩子的身体情况，所以一般都愿意去找医生看。在医院，医生会根据家长的描述给出指引，家长也会听从医生的话。

笔者认为：良好的心态是应试的基石。卡耐基说："获得心理平和的方法是改变人的想法，你应努力培养舒畅自然的心态"。

3. 如何引导孩子们保持良好的心态

深圳市育新学校黄伟娴：我是中职老师。职校学生考试压力没那么大，但在升学考试前比较焦虑，但所幸没有失控。考前两周，我主要带他们开展团队活动放松，带动家长一起营造轻松氛围，不过多关注他们的学习。

湛江市第八小学钟佩银：我每年都带六年级，很多学生都想考入当地一所私立中学，竞争压力很大。所以每次大考之前，我都会帮助学生疏导压力：一是每天开展有趣的小活动，如让学生说说自己有趣的事情、开展一分钟魔方赛、才艺展示等，可以让学生身心得到放松。二是经常性地表扬学生，让学生树立自信。除了在班级公开表扬外，我还给家长发报喜单，通过家长的表扬树立孩子的自信。

安徽金寨县思源实验学校黄胜利：学生要做到考前充分复习，有信心，有底气；保证充足睡眠，合理饮食。同时，家长的态度很重要，孩子只要尽力了就值得肯定，家长不要对孩子要求太高，以免加重孩子的负担；家长要多带孩子参加一些活动，让孩子放松心情。

安徽省金寨县金城学校刘亚红：好的心态是成功的一半。说到考试，有句顺口溜——考考考，教师的法宝；分分分，学生的命根。学生与教师永远和考试缠在一起，月考更是被用来检测学生对本月学习内容掌握的情况。既然考试必须伴随着整个学业的过程，教师不如尝试从日常教学中加强对学生心态进行引导。

深圳市格致中学刘永要：班主任该如何看待月考？毕业班班主任应该如何正确引领学生面对月考，淡化考试结果？众所周知，毕业班几乎每个月都会有一次考试，我们称其为月考。这些月考，因为有排名、有分数，所以被教师和学生重视。应付每个月的考试，似乎是学生最重要的事。很多学生一到月考之前，就会放下自己平时的学习计划，改变平时的学习习惯，全力准备月考。比如，明天考数学、物理和地理，那么今天晚上他们只会复习这三科。乍一看，这样做没有错，但这正是急功近利思想的体现。

正确的处理方式是，学生不要理会明天考哪一科，要按照自己平时的复习计划进行复习，今天该学习哪一科，就学习哪一科；今天该看一个小时的课外书，那就照看不误。因为我们长远一点的目标是高考（中考），而不是这一次月考。

可惜，能够这样做、这样淡定的学生实在是少之又少。这个时候，有一些不够淡定的学生就开始到课室外面的阳台学习了，还有的会三五个人聚在一起讨论（因为考试之前发现自己太多东西不懂，越不懂，就越怕考试会考到，就越想搞懂），仿佛这才是考试之前应有的状态。有部分教师在这个时候也不淡定了。比如，教师会专门和学生就考试的范围、重难点进行复习，有时甚至会安排几节复习课，还不忘时刻提醒学生：“这次考试很重要！大家要考好一点！”

月考的目的是什么呢？是检测学生前一段时间的复习效果，为今后的复习提供一定的依据；帮助学生发现问题、解决问题；激发学生前进的动力……这就决定了我们面对月考时应该抱有的态度是不必专门去针对它做任何的复习。月考只不过是我们高考（中考）复习路上的一次认真的练习罢了。月考结束之后所反映出来的问题才是我们应该重视的。不做任何临时抱佛脚的复习考出来的成绩，所反映出来的问题才是真实的，才是最具有参考价值的。对月考过分重视，或许是因为我们忘记了高三（初三）复习最重要的目标是高考（中考）。任何的急功近利的思想，都不利于我们在高考（中考）中取得好成绩。

作为班主任，我们应该提醒学生按照自己的复习节奏去复习，不要因为月考的临近而打乱复习的步伐。这样一步一个脚印，高考（中考）成绩极有可能就是我们的代表作。

浙江省东阳市湖溪高级中学蔡永仙：对于毕业班学生来说，大考小考是家常便饭。无论是对于大考还是小考，我在帮助学生分析时，常常是淡化名次，跟学生说得最多的是名次是表象，大家要透过表象去回顾整个考试过程，考场上迷糊处、走投无路处、节奏不对等都能反映出平常学习中的问题。考后，学生要仔细反思总结，制定出改进措施，立即行动。

深圳市格致中学刘永要：毕业班最忌急功近利。学生应目标放长远点，做好中考或者高考的计划，不要因一时的失败或者胜利而影响心情。

东莞市长安镇东安中学李祥：我们做任何事情都要把眼光放长远。就拿考试来说，高考（中考）是我们高中（初中阶段的）长远目标，平时的考试应该都为高考（中考）服务。但是教师和学生迫于多方面的压力，不得不在平时的考试上做出额外的计划，有时候会偏离既定的教学计划。所以，我们教师首先要确定自己的方向，按照既定的目标前进，这样，学生方可跟随教师的步伐在正确的轨道内前进。

安徽省金寨县金城学校刘亚红：我现在带的也是毕业班，每到月考结束，孩子们、家长们都盯着成绩、名次，而忽视了各科的数据分析，忘记了这只是一次检测而已。此时，我们教师首先要做的便是帮助孩子们分析丢分的原因，指导他们从试题中查找出自己的薄弱之处，以便为下一阶段的学习做准备。

三、研讨总结

此次研讨已近尾声。孩子们的考试前后焦虑、失控的情绪肯定不会就此消失。我们在今后的教学过程中一定还会遇到不同程度焦虑、失控的孩子们。那么，我们不妨告诉孩子们：

亲爱的孩子们，你们要相信，就算你们带着焦虑、恐惧，其实也能做题，不要管它，它焦虑它的，你做你的，与焦虑和恐惧同在，其乐无穷；你要相信焦虑、恐惧等所有情绪都有一个产生、发展和消除的过程。你不妨去试试，去感受一下它们产生、发展和消除的过程，去看清它们的真实模样。多年以后，再回首往事，你会发现，没有哪件事情值得你惶恐得那样无助，没有哪件事情值得你焦虑得那样夜不能寐，更没有哪件事情比你的身心健康更重要！

人生本身就是一次大考。在这次大考中，你会遇到各种各样的试题，会遇到各种类型的监考官，那时就容不得你去焦虑、失控、恐惧了。而现在，你就把考试当作将来人生中大小应试的小练兵吧。

四、专家视角

考试心理辅导一直是班主任需要面对的重要课题，涉及心理范畴，很多班主任会把握不准自己的角色定位。班主任是孩子心理健康的一级防御员，哪怕我们不是心理教师，但是我们要了解心理防御的大概流程与处理机制。在日常管理和教学过程中，我们需要加大对孩子的关注，如果发现问题，就要及时给予孩子关心和一定的心理疏导；遇到超越我们能力范围的，就要寻求心理教师的帮助。按照心理学的概念界定：考试焦虑是考生中常见的一种以担心、紧张或忧虑为特点的复杂而延续的情绪状态。在考试之前，考生在意识到考试对自己具有某种潜在威胁时，就会产生焦虑的情绪。专家推荐箱庭疗法和认知行为疗法。箱庭疗法能对缓解学生的阻抗心理起到一定作用；认知行为疗法能帮助学生理性地分析问题，找到问题症结。班主任虽然不是专业的心理教师，但是在寻求心理科介入条件不允许的情况下，可以多研读一些心理辅导个案的专著，这对更加科学有效地指导学生克服成长中遇到的问题大有裨益。

专家简介

辜　娟，广东省辜娟名班主任工作室主持人，高中语文正高级教师，广东省特级教师，肇庆市首批名班主任工作室主持人；先后荣获广东省第三批骨干教师、西江人才、肇庆市2020年最美教师、高要区教育雄才、高要区身边好人、云城区优秀班主任等称号；从教22年，担任班主任工作19年，教育教学经验丰富，培养邓富仍同学考上清华大学美术学院，培养赵建星、赵建华同学考上中国音乐学院；出版专著《中学语文课堂教学实践与研究》，20多篇论文在省级以上刊物发表（其中3篇发表在中文核心期刊），8篇论文获市级以上一等奖；主持市级、省级、国家级课题共4个，主编或参编公开出版发行的教辅类书箱共12部，教研成果显著；在全国各地做专题分享多场，深受一线教师和学校管理者欢迎。

本期研讨主持人及文档整理人：安徽金寨县金城学校　刘亚红

第四章

学生学习问题

第7期 学生理科成绩不行，怎么办？

一、典型案例

广州大学附属实验学校林秀平：初中毕业后，学生带着忐忑而期待的心情走进高中，走过了炎热，经历了军训。面对高考和未来，教师都在呼吁加强初高中衔接教育。然而，作为班主任兼语文教师，面对班级学生理科成绩的下滑，我该何去何从？我班学生平均分低于同年级其他班级很多。我想了各种方法，班级学习氛围好了很多，可是学生成绩却没有明显提高，尤其是理科成绩，怎么办？

二、一线碰撞

1. 班风良好，未来可期

深圳市格致中学刘永要：班主任不妨让学生的思想和自己的思想处在同一阵线上。班主任应该告诉学生，理科很重要，并且给他们清晰的指引。

广州大学附属实验学校林秀平：我采用攻心为上的策略。为此，我利用了两节班会课，甚至把我的语文课改为班会课，向学生展示近3届高考文理情况；分析中国进入21世纪以来在社会飞速发展的形势下，理科的未来前景；播放市教育局领导鼓励学生选考理科的视频，以这些向学生说明理科对高考、对未来的影响。经过几次努力，班风已朝着良好的方向发展。班级学习氛围好了，学生理科成绩也得到了较大的提升。这是可喜的现象，让我有了改变的动力和决心。

2. 因地制宜，采取措施

佛山市南海中学分校麦彩桃：如果学生理科成绩不行是由后天因素，如行为习惯或个人偏好导致的，那么我们要因地制宜地采取措施，如调查他们对理科老师的态度、对理科知识的了解等。如果不是理科老师或理科知识本身的问题，那就是他们自身原因，如对理科的偏见或者不肯开动脑筋。如果是这样，我们可以在班级营造理科学习的氛围；或介绍一些有趣的、方便生活的科技，告诉他们理科给我们带来的便利；等等。同时，我们可以通过头脑风暴或猜谜语等游戏对学生进行思维训练，这对学习数学有好处。作为一名语文老师，我要充分发挥感染力，带动学生积极学习理科，和他们讨论理科问题，让他们教我解理科题。

3. 语文基础，扬帆起航

佛山市南海中学分校梁鹏程：我是一名物理老师，但我非常重视语文教学，尤其是语文阅读。自从认识刘永要老师后，我从刘老师身上汲取了很多关于学生阅读的理念和方法。语文阅读能够帮助所有科目提高分数，但需要时间和耐心，当语文阅读达到一定程度后，学生所有科目成绩的提高就只是水涨船高的事了。

佛山市三水华侨中学梁惠苗：我是一名生物老师，但作为班主任，我最重视语文和英语。然而我班学生都难以爱上这两科，所以我会创造机会“罚”他们，让他们写作文或者背一篇英语范文，有时也会解答他们其他学科的问题，尽量让他们有学习弱科的勇气（自己先带头，如和他们限时背单词和造句），和他们“同甘共苦”，这就是我的法子。

广州大学附属实验学校林秀平：①设置班级小书架。书籍来自学生的捐助，也可购买。我指导学生对班级书籍进行管理。②阅读书籍。我鼓励学生多读书，读各类书籍。③及时反馈。光说阅读重要还不够，我还开展阅读活动，解释阅读的作用，帮助学生解决阅读中的问题，让他们真正在阅读中感到快乐。第一，我让学生每周写读书笔记，我及时批改。第二，我让学生每周提前20分钟返校，我利用这个时间让5名学生进行读书报告分享。第三，我班每月举行专题式读书报告分享活动，并播放《我是演讲家》等励志节目。④我以提高学生兴趣为主，同时训练学生思维。学习兴趣上来了，思维能力提升了，变化自然会在潜移默化中发生。

4. 抓好科代，以点带面

佛山市南海中学分校麦彩桃：找出症结，有的放矢。基于班级氛围不错可成绩上不去这一点，教师和学生还需要共同努力。教师以点带面，把科代表叫出去谈谈，征集一些建议；再把小组长叫出去，询问下最近学生有什么学习上的问题，讨论接下来该怎么办。共同解决，是为良策。

佛山市三水华侨中学许莉芬：由于学科的特点，班级之间语文学科平均分不会差太多，但在理科方面，班级之间的平均分会有很大差距。理科教师做班主任对提高班级理科成绩具有绝对优势。

广州大学附属实验学校林秀平：面对这样一种局面，班主任首先要找到学生成绩差的原因，从科任教师、科代表和学生身上去了解情况。如果是所有学生理科成绩都不行，问题的绝大部分原因在科任教师身上。科代表是直接管理班级学科学习的人，班级学习风气的走向、学生学习时间的分派，在很大程度上会受到科代表的影响。班级的理科学习气氛不浓厚，个别学生受不良思想影响，作业没落实到位，学生缺乏探究精神……这些都可以通过科代表来解决。班主任必须找出学生的症结所在，找准契机，充分调动他们学理科的积极性。成绩差，肯定不会只有单方面的原因。

西安市周至县司竹初级中学孙冰钰：科任教师方面应该也有责任。班主任可以召开科代表会议，落实科代表责任，并让科代表事先在学生内部进行学科教学调查，将学生的意见反映给相关科任教师，相信科任教师会针对学生的意见进行教学调整。只要教师跟学生齐心协力，学生成绩就会慢慢好起来。

5. 学生自主，讲练结合

广州大学附属实验学校林秀平：树立班级学习的学科典型。学生在学习的过程中，必然有理解能力强与弱的差别，甚至有基础和兴趣的差别，先行者往往会成为班级的优秀典型。班级学习典型的树立对班级学习氛围的调动非常重要，这会让学生看到学习努力的目标和方向，甚至是希望。一旦典型树立了，教师就可以利用期中等考试总结大会，对学科成绩的差距进行分析总结，还可以请学科典型谈谈学习的方法，这样更能触动学生的心灵。

西安市周至县司竹初级中学孙冰钰：我班每天在晚自习前10分钟，由科代表组织学生讲题，学生自己选题自己讲，不会的问题向自己的“小老师”讨教，自己讲了才会发现很多地方都有问题。让学生动起来，是保持学生不竭的学习动力的最重要的方法。毕竟高中才开始，后面还有将近3年的时间，学生有兴趣“动起来”，才能主动去思考。在这个过程中，学生不仅锻炼了语言表达能力、逻辑思维能力，还掌握了做题方式。如果能做到这些，我们的目的何愁达不到？

三、研讨总结

众人拾柴火焰高。研讨给我带来了很多启发。各位教师的话语让我重新找到了方向，各位教师的建议让我醍醐灌顶，各位教师的鼓励让我信心满满。来吧，为了学生的未来，我们一起努力！

四、专家视角

偏科是一种学生知识结构失衡的现象，使学生产生强烈的挫败感，是学生学习过程中的“拦路虎”。针对学生理科成绩稍微落后的情况，班主任可以通过从外部刺激到内部激励的方式做出努力。

1. 善于引导，积极归因

班主任要引导学生把成绩差归因于自身不够努力，让学生知道天道酬勤，努力是可控的，这样能够激发学生学习的潜能。学生不能把成绩差归因于自身学习能力的不足，能力是不可控的，学生一旦归因于此，便会产生巨大的挫败感。

2. 理性看待，弥补劣势

理科成绩与性别差异没有任何关系，班主任要引导学生不能拿性别差异作为理科成绩差的理由。我们要正视男女生的差异，不管是男生还是女生，在自己的劣势科目上投入更多的时间才是提高成绩的法宝。

3. 提高兴趣，纠正动机

班主任可与科任教师协商，建立并完善一定的奖赏反馈机制。学生可以给自己树立小目标，成绩稍有进步，就奖励自己做一些自己喜欢做的事情，从小目标慢慢进步，切勿好高骛远。

4. 寻找方法，制订计划

班主任可以帮助学生寻找恰当的学习方法，如让科任教师讲授学习技巧，或者组织成绩稍好的学生进行学习分享，鼓励学生每天拿出一定的时间进行学习巩固。

专家简介

李丽华，女，汉族，广东省佛山市三水区西南街道北江小学老师，小学语文高级教师，佛山市优秀班主任，三水区优秀班主任，京山县优秀班主任，京山县优秀共产党员，京山县首届科研骨干教师，京山县教育科研先进个人，京山县教育科研先进工作者。

本期研讨主持人及文档整理人：广州大学附属实验学校　林秀平

第❽期
如何提高学生上网课的积极性和自律性?

一、典型案例

东莞市长安镇东安中学黄秀玉：个别初一学生在上网课时经常拖欠作业，上课点名不在，教师屡次提醒都没有效果，惩罚措施也无效。

台山市赤溪镇中心学校彭文达：本人带了两个初二班级，现在遇到的一个难题是学生拖延交作业或者少数学生不交作业。我经常要晚上催交作业到九十点。学生的自觉性不高，家长要上班难以监督或不会辅导学生写作业，只是过问做作业了没有。我多次找家长谈，但这容易影响亲子关系或者家校关系。

山西省太原市第五十五中学王伟凤：网课背景下学生自律意识如何培养?

河南省登封市嵩阳中学卢玮玮：网课中如何有效激发学生的学习积极性?

二、一线碰撞

1. 课堂增强互动性，作业形式多样化

广东省佛山市惠景中学梁妙娜：在上网课的这段时间，学生和我自己都需要慢慢适应这种模式。对于物理这个学科，我觉得上网课和在校上课还是有比较大区别的。管理学生方面主要是针对两点：①考勤。我采用随机点名的方式让学生回答问题。②在课堂上，互动题目采用选择题形式，如果遇到实验和画图题，我则要求学生拍照上传，我即时批阅。在内容上，为了

使学生注意力集中，我在教学过程中穿插实验或科普视频；为了督促学生认真完成作业，我将作业分为书面作业和口语作业，口语作业在课堂上完成，希望通过口语作业让学生注重对重要知识点的输出。

2. 小组管理，全覆盖跟踪管理

广东省阳江市阳东区东城镇东城学校曾宪甜：隔着一根网线，班级管理光靠班主任一个人是不够的。为了取得更好的管理效果，在日常工作中，我按照学校班级管理模式组建了学生线上自我管理团队，实行小组学习捆绑制度，发挥同伴效应，使学生互相鼓励、互相帮助。

我组建了不同的管理群，如停课不停学学习群（全体师生）、同心协力群（由科任老师和科代表组成）、阿里巴巴董事会议（由科代表和各小组长组成）、各小组群（由小组长和组员组成）等。

小组长职责：组织组员进行线上作业讨论，检查组员作业完成情况。

科代表职责：完成教师布置的任务。

班长职责：每天发布早晚打卡信息，协助班主任全面管理班级各方面工作 。

班主任助理职责：帮助班主任整理表格，核查信息。

我们班是晚上8点前组员在小组汇报，组长9点前向班主任助理汇报登记，一周统计一次，最高分的小组回校后会获得奖励。每周评选一次居家学习自律好学生，以上课考勤和作业完成情况以及家长推荐为依据。

山西省太原市第五十五中学王伟凤：我设置组长群，让组长督促组员，每组4个人，组长每天将作业完成情况回复至群里。如果有个别极不配合的，单个人出来当自己的组长，单独汇报。前几天一定得把好关，落实到底。没交作业的，我就关心他，和他私聊，使得他不好意思不交。发现学生优点，我就表扬，而且经常讲一些提升学生内动力的鼓励语言及实例。教师真正关心学生，学生是能感觉得到的。

3. 实施奖惩制度，调动学生积极性

广东省台山市赤溪镇中心学校彭文达：为了提高作业效率，我们实行作业新规。①作业限晚上6点前提交，计入奖励积分；②晚上7点（不含）以后提交作业加罚1倍；③隔夜提交作业加罚2倍。为了强化效果，对于昨天晚上还没交作业的，我给他们挨个打电话催交。昨天没交作业的9个，今天没交作业的5个。

佛山市南海区南海中学孙钦强：如果采取减免作业的方法会不会更好？比如，一周都准时交作业的学生可以减免一部分作业。

广东省台山市赤溪镇中心学校彭文达：我制定了一条551奖励原则，即每周连续5次前5名交作业的学生可以在下周免做1次作业。要加一些奖励措施才行，处罚要求太严，学生抵触情绪高涨。上两周，有个学生经常在我上完课就立刻做作业，独立完成得非常好。我特地对他进行表扬，让其免交作业一次。这个学生很高兴，当场说有作业自己还会完成。所以，奖励能够带动一种积极向上的气氛。

郑州市第八十五中学刘雨洲：我结合作业完成和成绩进步的情况，力所能及地满足学生的心愿，这令学生很期待、很兴奋。例如，给年级进步100名的学生奖励一本学生自选的图书，30元左右，家委会出钱；让学生把心愿写在一张心形卡上，若作业或成绩明显进步，我就动员家长完成孩子心愿。当然，我会对心愿卡把关，不切合实际的心愿不行。

4. 以退为进，给学生一个自我调整时间

佛山市三水区乐平中学汪婷婷：对于我们班的一些潜力生不愿意学习的情况，我最开始是打电话，后来是视频，直到最后他不接电话、不视频，家长多次劝说也没有用。后来我对此事慢慢淡化下来，这两个星期他偶尔会交作业了。可能最开始的时候家长和孩子都觉得线上教学是一个短期的事，很快就会开学的。但是随着线上教学到第6周，家长和学生开始意识到这可能还要持续很长时间，慢慢地就改变了。刚开始线上教学时大家都是观望状态，于是我每天发学生在线学习时间，表扬全勤的和上课时间较长的学生。关于作业问题，因为班级学生的层次不一样，我们也没有分层作业，很多学生在完成数学、物理、英语学科作业时确实存在困难，我就跟科任教师商量让学生只提交笔记就行。

5. 适时发“心灵鸡汤”，激励学生

广东省阳江市阳东区东城镇东城学校曾宪甜：我每天早上会给孩子们发一段激励的话，希望借此触动他们的心灵，培养他们积极向上的人生观，使他们参加网课学习更加有力量，如“‘困难’这家伙，是专门欺负人的，特别专门欺负那些意志薄弱的人。你越怕它，它就越欺负你。‘困难’最怕那些坚强的人，遇到意志坚定的人，它必败于其手下！”“每一个优秀的人，都不是与生俱来带着光环的，也不一定是比别人幸运的。他们只是在任何一件小事上，都对自己有所要求，不因舒适而散漫放纵，不因辛苦而放弃追求。”“雕塑自己的过程，必定伴随着疼痛与辛苦，可那一锤一凿的自我敲打，终究能让我们收获一个更好的自己！”等。我在前一个晚上睡觉前编辑好“鸡汤”，第二天醒来直接发。

笔者认为：本期研讨集中反映了教师在开展网络教学过程中存在的困难，如课堂效率、作业如何落实等都是困扰教师的难题。通过研讨，教师从课堂互动、作业跟踪、管理方式等方面分享了自己的一些做法，这些做法不一定成熟，但可以参考，各位教师结合自己的教学实际，“择其善者而从之，其不善者而改之”。停课不停学，我们依然在路上，希望疫情早日结束，回到我们熟悉的课堂。让我们一起期待那一天的到来！

三、专家视角

随着疫情的暴发，居家上网课成了所有学校的不二选择。而如何让网课有效，则是一个全新课题。通过一段时间的探索和适应，我们已经总结出一些经验。上网课要提高学生的积极性和主动性，重要的引领者还是教师。教师要依据实际网课教学情况研究和创新课堂模式、环节设置、互动形式、作业反馈方式等。只有教师主动出击，多维度调动和跟踪学生，才能有效地提高学生上网课的积极性和自律性。

专家简介

杨　剑，佛山市南海区南海中学副校长，广东省特级教师，华南师范大学教育硕士兼职导师，广东省中小学新一轮“百千万人才培养工程”名教师培养对象，高中化学高级教师，南海区化学首席教师。

本期研讨主持人及文档整理人：佛山市南海区南海中学　孙钦强

第❾期
绘画册VS考试周，该何去何从？

一、典型案例

【案例1】

还有一周就要期末考试了，结果前天晚自习，我发现班级一个女生在画漫画，从绘画本上内容来看，她已经持续画一个多月了，最近她的学习成绩下滑也就得到了解释。我没有当时处理，直到周末放假前，我找她谈话。但是她说她妈妈知道，还一副理直气壮的样子。请问我该如何处理？

【案例2】

山东省聊城冠县梁堂乡中心小学王云：我们班也有一个这样的孩子，他天天画，无论上什么课都画画，但上美术课时，他却不听教师的话了，想画啥就画啥。我们基本都默许了，都没着儿。学校里有美术特长班，我专门找美术老师破例接收了他，结果他去了两次就不去了，说美术教师让画的他不喜欢画。我们看他的画都是乱画的，他却说是外星人、坦克大炮之类的。他成绩一塌糊涂，爱说话，不爱写作业。这个学生太特殊了，一时半会儿说不完。其他教师都放弃他了，只有我还在等待、在努力，我所做的都是想使他有所改变、正常化，但是收效甚微。

二、一线碰撞

1. 学会共情、换位思考

教师要学会站在学生的角度去考虑问题，要把自己的思想水平和认知能力降到孩子那个年龄段，去观察、倾听，找到问题所在，从而进行有效的沟通。

岭南师范学院大四毕业生颜彤：她会不会就是觉得没人可以说话，学习又紧张才这样呀？我有时候没人说话就喜欢发呆，有时候也喜欢画画。您要不试试和她聊聊天，了解一下她画画的动机是什么。其实画画比起捣乱和沉迷游戏之类的好很多呢。

湖南省怀化工业学校聂伟康：首先，我们要想办法消除她的对立情绪，一是表示理解她的这种行为；二是指出她将要面临期末考试成绩不佳的后果；三是跟她的家长取得联系，达成共识。其次，我们要引导这个女生合理对待兴趣爱好，支持鼓励她的兴趣爱好，如奖励她几个美术本，引导她向美术教师请教，把这种爱好规范化。我觉得要对学生有耐心，如果真的能培养出她一生的爱好，一次期末考试成绩不理想的后果又能算得了什么呢。

河南濮阳市第六中学（小学部）丁娜娜：我首先想了解一下，该生属于哪个学段的？我们可以多关注、多观察该生的学习、生活状态；就该生的绘画作品先和美术教师沟通一下，用较为专业的角度来评价（可以善意地夸奖一下）；和家长沟通，了解孩子在家的表现；可以和该生聊聊，就从她的画开始，重点是让她多说，师多听；如果她不想聊，先暂停聊天，多关心她，多关注她；和任课绘画师沟通她的情况，说不定会有不同的发现，找到跟她沟通的主题。

河南省濮阳范县第三小学郭彦彦：该生是不是考前焦虑呢？她用另一种方式来发泄，内心没有安全感，期待关怀，但又装作若无其事。我曾经在高考前的一段时间就是不学习的状态，不是不想学，而是太焦虑了，需要学的内容又多，不知从哪里入手，就索性天天故作轻松，别人在学习，我在各种玩，一旦听到同学的关心就很开心。

河南省长葛市董村镇口王小学范占芳：临近期末考试，天气炎热，学生有时会浮躁，他们可能通过画画释放压力。这些孩子需要教师多关注，教师可以与家长多沟通、多了解孩子。

东莞市长安镇东安中学蔡晓娟：绘画不纳入学习范围？只有文化课才算是学习？如果抛开学校的各种考核，学生的其他方面进步何尝不是一种学习？我们为师者应该做的不正是发现学生的亮点并让其继续发扬光大吗？

针对上述学生的情况，如果教师还强硬剥夺她绘画的权利的话，可能只会让她更逆反。教师可以和她说明绘画与文化课之间的利弊，毕竟只朝兴趣爱好方面发展，而忽略了文化课，对于高考或者更长远的发展是不利的。

2. 因材施教

或许这个孩子就是教师眼中的“怪才”。教师要根据孩子的特性来制定相应的措施和后续跟进的方案，让学生感受到来自成人善意的关爱，而不是一味地强制她学习，甚至让她“无条件服从”。

河北省保定市蠡县中学赵东霞：我们班就有一个孩子（高中生），能画发动机，数学能考150分，物理也学得特别好，而对我所教的政治课就不学。我没有责备、惩罚过他，认为他可能就是将来的物理科学家，不想把他的爱好压制没了。我在和他聊天时会说文科素养好了会让他走得更远之类的话。我也不知道这样做对还是不对，这得用他将来的人生来验证了。当然，这个学生存在的问题和案例中所说的学生的问题没法比。

河南省濮阳县城东办育新小学卢艳辉：我非常同意赵东霞老师提出的观点，其实根据孩子的性格特点来决定施教的方法很重要。有的学生需要鼓励，有的学生需要敲打。我上初二那年，非常不喜欢上英语课，觉得英语课除了读就是学语法，很无聊，所以英语成绩也不好。后来换了个英语教师，他很年轻，脾气也不好，总是带着那种恃才傲物的眼光。有一节英语课，没想到他会叫我，我有点儿蒙，没回答出他的问题。他轻蔑地看着我说：坐下吧，你不会，我就知道你不会。我脸红着坐下后，脑海里一直都浮现着他那轻蔑的眼神。那时，我就想：我不会？谁说我不会？后来，我认真做笔记，每天早上背单词，仅一个月的时间我的英语成绩就成了班级第一名。到现在，我再想起那位英语教师，脑海里还是他那轻蔑的眼神，真是记忆深刻啊！！

3. 加强自身理论知识学习

基于教育学和心理学，学生的心理状态虽然是时刻在变化的，但大体上处在一个相对平衡的状态。所以，教师要加强自身理论知识的学习，并且要在生活或工作中能够灵活地应用，这就需要教师本人的教育机智。

安徽省淮南卫生学校闪玉章：了解学生的心理状态十分重要！35年前我正读高三，家里有个很大的防空洞，我一心想建立自己的化学实验室，不想考大学，从代课老师到学校校长都找我谈话，说高考如何重要！我们班主任开始一直没有说什么，离高考还有3个月时，他找我，让我坐在一个特别矮的凳子上，轻蔑地说：“你是因为考不上大学，所以就说不想考！”（班主任抓住了我要强的性格）我什么也没说，回去用了3个月的功！

广东开平市金山中学傅进敏：我认同你们的观点。作为老师，首先，我们要纠正自己育人唯文化论的意识，要认识到美育在我们的工作里也非常重要；其次，要用欣赏的目光去看绘画本，建议不要吝啬溢美之词，在班里公开表扬她的画作、绘画能力，发挥共情作用；再次，让美术教师给她作专业指导，或者向她推荐一些电脑绘画的App；最后，要意识到该女生画画未必是其成绩退步的主要原因，这也可能是她纾解压力的一个途径。总之，我们应先共情、聆听，然后才可以找到方法。

4. 家校共建，争取家长的支持

孩子的问题不是光靠教师就能够解决的，这需要学校、教师和家长共同努力。如果学生在校表现尚可，周末回到家中，家长持情感补偿的态度，就会产生“5+2=0”的局面。所以，教师要及时与家长沟通交流，达成共识。

广东省潮州市潮安区龙湖镇银湖小学林素玉：教育一个孩子，仅靠教师一人之力，杯水车薪。家庭教育很关键，家长对孩子的了解更重要。我认为王老师与家长交流并达成共识，效果可能会更好。

5. 问题的后来

林素玉老师抽了一个中午的时间，和该名学生进行了沟通，告诉她：你画得很好，很有天分，老师很羡慕你有这样的爱好，希望你继续保持，后期在合适的时机，如果你愿意，老师在班级给你举办动漫画展。理想和现实是有差距的，所以你要学会如何分配自己的学习时间。你现在可以减少绘画的次数，等到暑假的时候，可以每天都画上一幅画。

孩子笑靥如花地蹦跳着离开办公室，而进来的时候愁容满面……

看到如此多的教师在坚守着自己的教育理念和初心，让我非常感动。在素质教育与应试教育的平衡点上，我还有很长的路要走。没有应试过不了今天，只有应试过不了明天。

三、专家视角

（1）要看学校对晚自习的要求。如果学校有相对明确的规则，孩子就需要遵守规则，完成相关学习任务；如果学校把自主权交给学生，教师就要尊重学生的自主性。学校如果觉得这样会存在一些问题，可重新建立规则，但也要让孩子有时间满足自己的兴趣。总之，学校尽量不要有矛盾信息，一边放权一边干预。

（2）如果学校有规定，那么孩子说“妈妈同意”是不成立的。因为这不是妈妈和孩子之间的事，而是教师和学生之间的规则。学生要遵守学校规定，学校也要给学生一些自由空间。

（3）在“双减”政策之下，教师对学生的学习成绩下滑是否还比较在意？教师要改变兴趣没有学习成绩重要的观念。

（4）教师要包容和接纳多元化、不同类型的学生。

（5）家校沟通是很重要的环节。学校和家长达成的一些共识，不仅仅是兴趣和学习成绩的问题，更重要的是规则、时间分配与管理，以及兴趣与学习的平衡的问题。一个画画的问题折射出的是孩子的心智发展水平。所以，最终的落脚点是孩子的任务管理、时间管理、自律性等人格成长方面的问题。

专家简介

辜　娟，广东省辜娟名班主任工作室主持人，高中语文正高级教师，广东省特级教师，肇庆市首批名班主任工作室主持人；先后荣获广东省第三批骨干教师、西江人才、肇庆市2020年最美教师、高要区教育雄才、高要区身边好人、云城区优秀班主任等称号；从教22年，担任班主任工作19年，教学经验丰富，培养邓富仍同学考上清华大学美术学院，培养赵建星、赵建华同学考上中国音乐学院；出版专著《中学语文课堂教学实践与研究》，在省级以上刊物发表20多篇论文（其中有3篇发表在中文核心期刊），8篇论文获市级以上论文一等奖；主持国家级、省级、市级课题共3个，主编或参编公开出版发行的教辅书籍共12部，教研成果显著；在全国各地做专题分享多场，深受一线教师和学校管理者欢迎。

本期研讨主持人：深圳市格致中学　刘永要

本期文档整理人：安徽合肥高新创新实验中学　刘　磊

第⑩期
学生"人在心不在"，怎么办?

一、典型案例

顺德区建安初级中学婉斯：曾经，我带过一个学生，他前期学习还很认真，成绩中等，但有一段时间上课时他人在心不在。后来我知道，原来是因为家庭问题。怎么办?

二、一线碰撞

1. 了解原因是根本

佛山市三水区三水中学李杰芳：人在心不在，那心在哪里？我觉得可以和他好好谈心。事出必有因，我们要弄清楚是最近发生的什么事让他烦心，让他失去信心，失去激情，失去动力，失去方向。

乐平镇中心小学卢嘉雯：根据我对所教学生的观察，学生上课无精打采主要有三个原因：认为课堂无聊；自己听不懂；控制不住脑袋，想着其他好玩的东西。老师发现学生有这样的情况后，应该找学生聊聊，了解其走神的原因。

2. 应对妙招

深圳市格致中学刘永要：这种学生在永要18班也有。对于这种学生，我们要激发他的原动力，促使他真正从内心想要学习，变"要我学"为"我要学"。主题班会是主要阵地；聊天是了解学生思想的主要方式；和学生推心置腹地分析他未来的发展走向是主要方法；尊重学生的选择，给予他足够的耐心和发展空间是指导思想；声东击西，不过分聚焦学习或者课堂，从生活入手开始教育，逐渐过渡到学习。除了通过组织体验式活动让学生体验到认真学习的好处之外，我还会想办法营造良好的班级学习氛围，发挥同伴互相影响的力量。

另外，我还会告诉学生以下几点：

（1）不要做欺骗自己和浪费自己时间的事情。时间是宝贵的，自己的时间尤其宝贵，抄作业就是欺骗和浪费自己时间的事情，不要做。

（2）作为班主任，我只是想帮助你们摆脱困境，有什么困难请和我说，我会竭尽全力帮助你们。

（3）读书为了谁？读书是为了自己，不是为了父母或者老师。

（4）尝试改变，勇于推翻自己。尝试一下认真听课，努力学习，或许会有另外一番风景。

总之，改变学生不易，我们要加倍努力！

3. 理解学生，用爱心和耐心静待花开

佛山市南海中学分校梁鹏程：对于这类学生，我们要理解他们的苦衷，其实他们并不好受，需要得到我们的帮助，需要我们站在他们的角度思考问题。因此，我愿意先做他们的朋友，再做他们的老师！一般情况下，理解学生是可以解决问题的！

教育是需要耐心的，需要感化学生，让学生主动去改变。强加意愿给学生的做法，大多是急功近利的，甚至只是为自己的利益着想。而感化教育，静待花开，需要承受一定的压力，领导心急，你不能急！

佛山市南海中学分校吴鲁耿：

（1）学生缺乏方法，苦于难表困惑，老师应与学生沟通并理解学生。学生在成长的过程中，因为缺乏能力、经验和方法，常常在面对许多的困惑和障碍时，难以顺畅地表达自己的思想感情，这其实是正常不过的事情。当学生处在这种困惑之时，老师应给予有效的帮助，避免学生的困惑如同滚雪球一样越积越多，最后积重难返，难以振作。

（2）留足时间和空间，凭借耐心静待改变。像这类学生，一时半会不可能有较大改变，这就需要我们给这类学生足够的时间和空间，不可操之过急。我们的教育目的是变“人在心不在”为“人在心亦在”。

佛山市三水区西南中心小学胡晓妹：孩子大多是愿意通过学习去了解新的东西的。可是，随着年龄的增长，有些孩子会变得讨厌学习，如上课不认真听讲、不完成作业等。造成这种情况的因素很多，既有家庭方面的，也有学校方面的。

在家庭方面，家长要求孩子考试拿高分，给孩子报各种补习班，使得孩子没有娱乐活动。家长少了与孩子的沟通，更多的是命令。另外，父母不和睦、留守儿童、单亲家庭等情况，都有可能导致孩子厌学。家长要让孩子保持愉快的心情来学习；当孩子遇到困难时，应与他一起解决问题；提高孩子的自信心，多鼓励、多表扬；少些命令的话语，蹲下来倾听孩子的心声；杜绝以分数来衡量孩子的能力。

在学校方面，导致学生无心学习的原因，有可能是其在班上找不到归属感，或与同学相处不和谐。班主任平时可多与这些学生交流，及时了解其思想动态；可开展手拉手、一起走的帮扶工作，让进步慢的学生快速进步；让学生多参加活动，在活动中取得的成功能提高学生的自信心，从而带动学生各方面的发展；也可让学生作为老师的小助手，提升其归属感。

佛山市三水区大塘镇永平小学卢惠敏：上课学习不在状态的学生的学习动力不足、目标不明确。给其安上自主学习的发条，让其从小养成良好的学习态度和习惯最为关键。全班中多数学生积极向上，就个别学生难以进入学习状态。有些学生在小学时用小聪明就可保持学业的合格甚至优良，这导致了他们惰化。班主任需要对这些学生进行激励。有些学生从小缺乏管束，很多时候周一回来，上课时人在心不在，回家两天的玩乐抵消了在校五天的学习效果，没有形成学习上的自律。班主任需要多跟家长沟通，让他们意识到家长也有管教的有效期，他们如果错过了有效期，以后再管的成效不大。

佛山市乐平镇中心小学卢嘉雯：对于认为课堂无聊的学生，老师可以在课堂多设计教学活动，如小组讨论，鼓励他们参与。对于听不懂教学内容的学生，老师可以在课后适当辅导，安排他和成绩较好的同学同桌，互帮互助。对于注意力不集中的学生，老师可以引导他们课后再想好玩的事情，课上必须认真听。不管是哪种情况的学生，老师都要关注，及时督促、表扬，让学生尽快改正问题，树立学习的信心。

4. 欲改变学生，先改变老师

佛山市南海中学分校吴鲁耿：

（1）面对孩子在学习上出现不认真的问题，家长通常是简单粗暴、情绪化地指责甚至是打骂孩子。家长这种“负面教育”的动机虽然是好的，但容易让孩子产生抵抗的情绪。

老师要避免跟学生讲大道理，如“你这样下去怎么办？”“你将来怎么顺利毕业？”等。这些在学生听来都是废话，父母已经借题宣泄了，老师还这么做，只会让学生反感，甚至是充耳不闻，从而导致学生上课无精打采，抄袭作业。所以，老师在教育学生的时候，应该改变自己的教育观念和策略技巧。

（2）老师存在这种观念：好学生教不坏，坏学生教不好，这种消极、被动、负面的观念，会给学生带来较大的心理压力。在这种情况下，老师再去要求学生做好，要么会使学生表现出抗拒的情绪，要么会使学生表现出顺从和应付的态度。因此，老师应该树立积极、正面的信念，做出更加积极、正面的引导，从而收获良好的教学效果。

佛山市三水区西南中学谭娟：记得以前看过一个班主任论坛，一位名班主任觉得老师应该向明星学习，让学生对老师产生像明星一样的兴趣。首先，老师从外在吸引学生的注意力，然后内化熏陶，慢慢地改变学生的习惯，端正学生的态度。这需要很长的时间，因为改变一个人的习惯是很难的。

化州市新安镇第一中学邱金有：我对无心向学的学生的教育分三步走。①在午、晚餐时间，在不告知家长的情况下，我带学生进行一次家访，了解学生不在家时父母的饭菜，引导学生与周末学生回家时的饭菜进行对比，分析差别的原因；②从家访感悟入手，顺势引导学生树立目标（近期目标和预期目标），明确责任；③定期、不定期对学生的学习情况、学习状态、学习效果进行分析，既指出不足，又给予鼓励（我所在的学校为寄宿制中学）。

包头市第三十六中学陈彩霞：我会用暗示法。考试卷发下来后，学生开始写试卷分析，我装作不经意地走到他身边，对他说："不是吧，这道题你怎么会丢分呢？我记得在你的作业里，这类题你做的是正确的呀。"孩子听了脸红了，其实我知道他昨天的作业是抄袭的，他根本不会。我又说："看来还是上课积极回答问题记得清楚。"孩子点了点头。我帮他回忆课上的做题过程，他很快做出来了。我又鼓励他上课积极回答问题。后来，他真的在课堂上踊跃发言。委婉地指出自尊心强的孩子的不足，让他有改正的机会，这样的办法比较好用。

佛山市顺德区周君令中学李晓婷：我去年带的初一，部分学生因为小学基础差，学习习惯不好，所以在课堂上会出现走神的情况。于是我没课就到班上巡堂，发现课堂走神的学生就扣他所在小组20分（我们学校实行小组合作奖励政策）。由于涉及小组的分数，小组内有责任心的学生会及时地提醒组员认真听课。被点名扣分的学生要在班上做检讨。一段时间后，我发现班上学生的学习状态有所改变！

5. 案例分享

在这次研讨过程中，有部分老师分享了成功的教育案例和经验，让我们一起来看看吧！

珠海市紫荆中学欢子：对于人在心不在的学生，方法有很多，我认为其中很重要的一点是教师的行动力。行动力的大小决定了教师在学生心目中威信的高低，这一点在对我班学生林善景的教育上体现得特别明显。林善景刚上初一时非常调皮，性格倔强，无心向学，经常违纪，与一帮别班的"小混混"交往甚密，还曾因与同学打架并故意破坏同学的自行车而被学校记警告处分。但从初二开始，他慢慢转变，脾气变得温顺，脸上多了纯真灿烂的笑容，作业能按时完成，交往的朋友也变成了本班爱学习的孩子，成绩不断提高，中考更是取得了巨大进步，在没有指标生资格的情况下考上了示范性高中。促使他发生转变的一个关键契机是初一时我的一次家访，当时他经常不交作业，我在告知他家长的前提下经常让他补做作业，而他却不接受教育，经常不肯补做作业。有一次，我又让他放学后留下补做作业，我说如果这次他再不补作业我就追到他家去，他仍不当回事地溜走了。他前脚一走，我便立刻打电话告知他家长要去家访。这次家访，让他充分感受到了我言出必行的行动力，树立了我的威信。同时，我与他家长形成了一致的教育理念与做法，为后续对他的教育奠定了基础。此后，他的父母按照我的建议，非常关注他放学后的动向，他爸爸经常到校门口接他回家，让他慢慢远离以前无心向学的同伴；他妈妈每天晚上督促他做作业，并认真签名。就这样，在家校共同努力下，这个后进生慢慢进步了。

我的行动力影响了这个学生，这次家访收到了很好的效果。

佛山市三水区三水中学附属初中黄群芳：我这个学期接手初二班级，我班上就有好几个这种学生，其中有个刘学生，开学时就是不做作业、不听课、不读书，你说什么他都优哉游哉的样子，在课室就是消磨时间。但现在他开始做作业，拿书出来早读了，虽然作业质量一般，但起码做了，也交了，同学们都说他有了很大进步。我总结一下原因：①我曾几次跟他谈心，帮他分析前因后果，不断给他增加信心，学习就像跑马拉松，目前的状况并不代表以后的成就，让他明白努力与坚持能改变一切。②当他犯错时，我没先批评指责他，而是先用眼神告诉他我已注意到他犯错了，再私下找他谈，批评后还要不断给他构筑改进的信念，使他朝更长远的目标努力。如果不是太严重的错误，我就不过分揪着不放，给他一个机会，下次他就会有所收敛了。③我及时肯定他的每一点进步并持续关注。他看在眼里，多多少少也会记在心里，当然，他行动上肯定不会一下子改进很多，我们要耐心静待花开。

安徽省金寨县金城学校刘亚红：用耐心关爱学困生。

小龙是八年级转入本班的（本来不是分到我班，但那个班主任直接不要他。后来，她对我说小龙的情况她很清楚，所以不能接收），自制力很差，入班第一周就参与了打架。我先是狠狠地训了他一通，然后让他坐下好好反思自己犯错的根源以及今后的打算。待他认识到自己的错误后，我问他，他妈妈送他进我们学校的目的是什么。他红着脸说：“希望我能学好！”我又问他：“能不能做到？做不到可以走人。”他一再保证不再惹事。我严肃地告诉他：“男子汉说话必须算话。”他居然还和我拉钩，我忍不住笑了，到底还是孩子。接下来，我将他安排在一个内向且学习刻苦的住校男孩旁边，并戏说：“小龙，你的任务是保护你的同桌，他太瘦弱了，他的任务是帮助你改正缺点。”他很高兴地答应了，还补充说："老师，我绝对不欺负他。"我不定时地提醒他、引导他。慢慢地，我发现他特别喜欢体育，而且体育老师说他擅长长跑。于是，我与他约定，只要他能够做到一个月之内不惹事，我就推荐他加入校运动会集训队，去参加全县第四届青少年运动会。这一约定很管用，在接下来的日子里，这个大男孩很守承诺，渐渐地疏远了原来的朋友，融入了新的班级，而且对学习有了自觉性。由于基础较弱，语文考试时他总是时间不够，我就适当地给他延长时间，让他找到自信，培养他的学习兴趣。平时，我会交给他一些班级事务让他去完成，让他知道在我的班级里，每个学生都是一样的，每个学生在老师的心里都很重要，无论你的成绩如何，你的过去如何。

渐渐地，小龙也愿意对我说他的过去、他的心里话。在九年级班干部改选时，他被选为体育委员。在体育加试强化训练阶段，小龙配合体育老师将班级体育训练得有声有色；以至于在中考体育加试时，我班百分之九十的孩子都取得了理想的成绩，为中考赢得了宝贵的分数。他妈妈高兴地告诉我："孩子自从进了我们学校，变化真的很大，现在孩子最听我的话了；如果他在外面上网，只要接到我的电话，他就会及时回家；今年中考虽然孩子没能如愿考上一中，但对孩子的变化我已经很满意了。"她说因为我，孩子从歪路上回来了，还说孩子最爱睡懒觉，上了我们学校以后，也知道早起了。的确，这个大男孩在运动会前一段时间内，每天都是从西站跑到学校，体育训练时更是全力投入。我的耐心起到了较好的作用，这孩子真的变了。不仅如此，他还学会了感恩，多次在作文里表达对我的尊重，感谢我对他的不嫌弃。就在我写此文的时候，这孩子还在QQ里告诉我他高中的班主任也是教语文的，还告诉我军训时的累和快乐，还不忘向我保证高中三年一定好好学习，决不惹事。

三、专家视角

学生上课时人在心不在，这关乎学生、关乎老师、关乎家庭、关乎社会。正如以上各位老师说的，要改变学生心不在焉的问题，不能采用急功近利的方法，而是要有针对性地"施肥"。案例中说到该生受到家庭影响，那就从家庭入手，在了解清楚原因后，老师应配合家长消除让学生分心的因素，家校形成合力，助推学生“回心转意”。真正的教育是一棵树摇动另一棵树，一个灵魂唤醒另一个灵魂。这当中，就包括教师的方向引领、朋辈的鼓励守护、班级积极文化的影响，这些都能在一定程度上唤醒学生“打盹”的心。总之，多方结合，织就一张全方位关爱的网，悄无声息地浸润学生的心，相信学生那颗“丢失的心”会慢慢找回来的。

专家简介

周晓棠，女，广东省开平市长师中学副校长，高中语文高级教师，广东省第一批骨干教师培训班优秀学员，江门市优秀教师，江门市建功立业女能手，江门市作家协会会员，江门市儿童文学创作委员会委员，开平市首批名教师，主持省、市级重点课题多项。

本期研讨主持人及文档整理人：佛山市三水区乐平中学　李素杰

第五章

学生复杂问题

第 ⑪ 期
做成功者还是失败者，这是一个问题

一、典型案例

佛山市高明区第一中学李妍华：高一学生小潘，学习上，他上课经常睡觉，不做作业，经常被科任老师投诉，成绩很不理想。生活上，他在宿舍经常玩手机，晚睡期间窜到其他班的宿舍讲话、玩手机，被德育处要求停宿。停宿期间，他还因为晚修偷偷提前离校而被级长在校门口批评了。我与其妈妈沟通得知，父母的离异对他影响很大。他虽然与妈妈同住，但非常抗拒跟妈妈沟通，每次妈妈指出他的问题，他总是不服气，跟妈妈大吵大闹。他说，他渴望父爱，问妈妈，为什么其他同学有爸爸的支持与关爱，他没有。为此，我通过他妈妈与很久没有联系的他爸爸沟通。后来，周末小潘爸爸会带小潘一起出去吃饭。

小潘的表现并没有因此而改善。我再次约他妈妈到校，她拒绝前来。她表示已经对这个儿子失去了信心，学校要怎么处罚他，她都会全力配合。

二、一线碰撞

1. 解决的办法

（1）重新定义规则，打破原有的自我认知。

湛江一中培才学校的王德军老师认为，对这样的学生需要重新定义规则，打破他原有的自我认知、定位，辅以家庭辅导；然后，家、校、孩子达成共识，扬长避短，从容易改变的地方入手；最后，我们用时间和耐心等待！他还给我推荐了《改变——问题形成和解决的原则》一书，并用实际的例子告诉我，他是如何帮助一个完全没有学习能力的学生找到自己的兴趣的。

（2）建立沟通机制。

佛山市三水实验小学陈锦颜老师、三水理工学校冯小君老师及南海中学分校吴鲁耿老师建议我要默默地陪伴学生，关注学生的心理，做一名好听众，慢慢地和他建立沟通，听学生倾诉，甘当学生心理垃圾的回收站。

（3）正面引导。

吴鲁耿老师还提出了非常好的建议，他认为可以创造机会，让小潘展现其闪光点。小潘喜欢玩手机，不写作业，科代表的职位显然勾不起他的兴趣，但是如果让他担任拥有手机的班级随拍员，情况会有不同，在早读、晚读等各种活动中，这位随拍员可以拍照片、小视频，并发送到家长微信群，相信他的家长会认同我，暂时不想这部手机他是否能自控。遵循他的兴趣找突破口，总比在教育死胡同里兜圈要好。冉红梅老师跟吴鲁耿老师都认为，我们可以用正面的例子去引导学生，他人榜样有时会有不错的教育效果。

（4）改变家长的思想意识。

吉林师范大学附属中学王影老师、佛山市顺德区陈村镇潭村小学卢惠敏老师认为，最重要的是改变家长的思想意识。许多家长对于孩子的教育仅停留在口头上，没有实际行动。他们认为家长应反思自己的行为。家长单凭“嘴”教育孩子，孩子当然会嫌唠叨。如果家长能因材施教，针对孩子自身的性格多想教育办法，不在出现问题以后才补救，效果会更好。佛山市三水中学附属初中的黄群芳老师、卢惠敏老师最后还建议我可以多上以亲情教育为主题的班会课。

2. 精彩研讨

吉林师范大学附属中学王影：首先，作为老师，我们应该明确一点，这个孩子的品行还是很好的，问题不在孩子本身，而是家庭出现了问题，家长有问题。其次，我认为对孩子的行为先认同、理解，跟孩子做朋友、谈心，寻找他的兴趣点，让他为班级多做些事情，给予他信任，不要一次做不好就否定。最后，也是最重要的，家长要改变思想意识，尤其是他妈妈，可以去家长学校接受教育，或者听听家庭教育讲座，反思自己的行为，不要去指责孩子。他爸爸的关心是否仅仅是物质上的，而缺乏精神方面的营养。他爸爸要跟孩子交流（一周一次），可以找一个地方吃饭，交流内容就是只谈自己，不说孩子，一个月看效果！但要坚持。

湛江一中培才学校王德军：我们班以前有一个学生学习成绩差，完全没有学习能力，他的存储系统尤其是文字和数理存储系统有问题。按照普通的学习理论，知识学习的过程包括输入、存储、内化和输出。所以他没有办法学，成绩差导致他自信心下降、自我期待值降低。他小学时候曾经在讲台上坐了3年，喜欢骂粗口，老师和同学都不喜欢他。如何改变他，实在是一件困难的事情。我当时的做法如下：

（1）一如既往地相信他能改变。例如，他的周记写100字，我就会写200字给他，并且表扬他，指出他进步的地方，如字迹更好看了、标点用对了、书写认真了。我坚持了一个学期，让他不讨厌我，还有点喜欢我。

（2）挖掘他身上、家庭中的积极因素。我后来终于发现他家是做汽车维修的，店很大，他本人对此非常感兴趣，并对车有很深入的了解。我从这一发现入手，让他在班级做了一次汽车知识的分享，并在校讯通App上表扬他，让他看到自己的闪光点。在我们班级第一次家长会上，他作为礼仪先生负责家长签到工作，穿着帅气大方，家长们都夸他懂事，所以他自我形象和自我认知得到极大的改变，他觉得自己有闪光点，并且可以做得很好，愿意为之付出。

（3）寻求学业突破。我在请教相关专家和老师后，觉得他这种情况可以学习汽车内饰设计专业，于是带他去见相关的老师，为他指引努力方向。他有了目标，认识到了学习文化课的重要性，开始不断地学习，有时候甚至一夜不睡，完全处在极度的亢奋中。他去年考入北京理工大学珠海学院，算是不错的结果。

如果用传统学的标准进行评价，他就是一个失败者，如果在他擅长的领域去评价他，如汽车领域，他就是一个成功者。因为规则改变了，所以他的自我形象、定位、期待就改变了，然后我们不断地唤醒、暗示、帮助，最后只有等待。教育是概率性事件，而不是必然事件。

佛山市南海中学分校吴鲁耿：我认为对于妍华老师的这个案例我们难以解决，只能尽可能从三个方面去面对。

第一，面对离异，找小潘性格之怪。往昔的家缺少了主要的成员，家变得不再完整，父母离婚，可以成为陌路人，但是孩子和父母任何一方都有不能磨灭的血浓于水的亲缘关系，这是不变的事实，孩子夹在父母之间左右为难，引起心理上的自卑、孤僻、怯弱、逆反等。还有，最使孩子难堪的莫过于他人的闲话了。所以，班主任应关注学生的心理，做一名好听众，听学生倾诉，甘当学生心理垃圾的回收站，让学生得以及时“发泄”，变学生自我消极“发泄”为积极“发泄”，及时掌握学生动态，对症下药。父母离异，孩子失去的并不仅仅是完整的家庭、完整的爱，还有对现状完整的判断。离异家庭的孩子，看事情往往多有偏激，班主任一定要帮助孩子正确看待父母的离异，让孩子尽可能理解父母，告知孩子，虽然父母婚姻关系解除了，但父母与孩子的亲子关系永远不会解除，不管随父随母，他都是父母的孩子，都能得到相同的爱。

第二，面对管教，找小潘逆反之由。随母的小潘，逆反心理非常严重，我行我素，对记过、处罚不为所动。他的理由是痛恨没有父爱。小孩在成长的过程中，缺失了关键的家庭教育，确实会产生一系列的反常行为。的确，父母离异，家庭教育不可能完整，但也可以实现“1+1>2”。有许多数据说明，离异家庭的小孩并不一定就不好。其实，如果离异后的父母都能对孩子付出真心，孩子依然能够健康成长。案例中的妈妈絮叨不断，多是意见，少了倾听，可以看出小孩对此是反感的；爸爸对孩子的关心的落脚点却在成绩。是不是小潘有更多的闪光点没有被父母关注到？这是父母要反思的。但不管何种情况，孩子是离异的受难者，父母尚且轻言放弃，更何况孩子呢？

第三，面对成长，探小潘改变之法。离异是不可改变的事实，身心受创也是不可掩盖的真相，班主任不是专业心理老师，即使是专业心理老师，又有谁敢断言能治愈小潘的“心病”？我很赞同妍华老师的方法，和朋友聊天、运动，其实是舒缓压力的好办法。

佛山市三水理工学校麦建华：我觉得这样的学生需要有一件大事情触动他，或者有一个人持续关注影响他，才能使他幡然醒悟。他妈妈应该是将不少婚姻的不顺心、工作的不如意等负面情绪传播给他了。我们不能教育他妈妈，我们作为老师，对这类学生有爱心和耐心是最有用的，静待花开。首先，我们要尽量包容他的过错。其次，我们要让他懂得在规矩下生活、学习，现实不容他乱来。最后，我们要平静，尽力而为，想着我们可能“救”了一个人，坚持再坚持，说不定我们就是改变他的人。毕竟他能上高中，就有机会有不一样的人生。

佛山市三水理工学校陈淑清：我们班以前有个女生跟这个学生很像，迟到、不值日、上课睡觉等，老师管不了。有次科任老师拍她肩膀让她不要睡了起来听课，她站起来就顶撞老师，一边说一边哭，同学们都说老师只是轻轻拍了一下，叫她不要计较。

我找她谈心，她哭得很委屈。我说她有问题，她也承认，也承诺要改，但是没两天又出现问题，其间她还因为违反学校规定被记了过。

其实这个学生很聪明，让她组织班上的活动，如校运会、晚会节目，她办得都不错。我们要对这样的学生多关注，多引导。在她被记过后，我跟她签了份协议，让她熟记校规，犯错误要主动认错，否则加重处罚。协议里面列明哪些不能做，哪些可以询问老师意见后去做，如遇问题应该怎么处理（针对她常出现的情况）。这个协议对她来说有点效果，但要让她变得乖巧听话、热爱学习，我还做不到。

佛山市三水理工学校冯小君：我个人感觉可能由于是单亲家庭，家长（他妈妈）把所有希望都放在学生身上，对学生期望过高，所以对学生很多不符合她期望的做法都很有意见。对于学生本身来说，家长离婚了，学生缺少关爱，妈妈对自己的期望又过高，当自己的表现达不到妈妈的期望时，会感到气馁，一次次的尝试失败，妈妈的一次次责骂，导致学生与妈妈的关系越来越差。所以，对于学生的表现，我觉得是自身自制力差、缺乏规则意识导致的，或是只是存心和妈妈“作对”。因此，我认为应尽力劝说他妈妈，请她适当调整对孩子的期望，了解孩子的需求，当然，不是那么容易能劝服一个成年人的。我记得有位班主任说过，很多时候我们能做的只是学生的工作。所以，我们应把更多的时间放在处理学生问题上，尝试慢慢和他沟通，让他感受到我们对他的关心，让他感受到我们没有因为他的行为而放弃他。当然，我们对于他的一些违纪行为还是要正常处理，以慢慢培养他的规则意识。另外，我们应尝试做他和他妈妈之间沟通的媒介，把他的想法转达给他的妈妈。

佛山市顺德区陈村镇潭村小学卢惠敏：看到妍华老师的这个案例，就像看到很多家长的缩影。对于孩子，许多家长的关怀仅停留在口头上，行动上还没做足。我每接手一个班都会听到很多家长说：老师，孩子只听您的，您说的一句比我们说的十句都管用。家长教育方式单一，孩子当然不接受家长意见。如果家长也能做到因材施教，能针对孩子的性格多想办法去教育，不在问题出现后才补救，收效才会更明显。与其他问题学生相比，小潘的问题不算最严重的，他除了学习不积极外也没做违反纪律的事。小潘的妈妈对自己孩子竟然说放弃，家长态度不积极，孩子自然不会得到有效的督促。我们与家长沟通时要指出这点，让家长对孩子多点耐心，给予孩子多形式的关爱，等待花开。

在学校，小潘的举动属于内耗，对学习应付了事，不积极向上。离异家庭的孩子，缺乏爱的陪伴，特别是男孩，也许是缺乏父亲的影响，导致性格上轻易言败，缺乏积极向上、自我激励的心态。老师建议他通过运动和交友来突围，他也有所行动，这说明他也想改变现状。做事半途而废是长期养成的处事习惯导致的，改变需要一段时间。我们可以指导他做学习规划，发挥同学互助的作用，建立学习合作小组，营造学习环境感染他，让他设定短期目标，鼓励其他学生对其进行监督帮扶；在班会课上专门以亲情教育的主题让学生探讨身边的亲情，让父母对他的关怀可视化；另外，提高内在激励，从兴趣入手，鼓励他参加球赛、才艺展示等，使他获得成功体验，树立自信心。以上拙见并不完备，望大家指导。

3. 案例举例，他山之石

佛山市实验技工学校黄玉纯：我们学校有很多这样的学生。我有一名学生的情况和你案例中的学生的情况大同小异，唯一不同的是我的这名学生的妈妈从来都是否定学校的教育，只要孩子不被停课就万事大吉。这名学生上课睡觉、玩手机，课后抽烟、不做作业，爬墙离开学校，9门课程中，除了体育及格，其他通通不及格。对于上述种种问题，该生家长不能接受停课停宿处理。我做了一个尝试，让该生“停课、劳动改造”一周，即停止参加课堂教学活动，而在学校完成其他的劳动任务，作为课堂违纪的处罚，这样既处罚了孩子也照顾了家长的情绪。同时，停课期间如果没有劳动任务我就让他用手机写作业（补回之前没完成的作业）。一周后，孩子承受不了孤单、寂寞，知道以后违纪就要劳动改造和用手机写作业，他怕了，宁愿选择用笔和作业本完成作业，他的违纪行为也减少了。孩子进步了，家长开心了，老师也轻松了。

广州大学附属中学冉红梅：林清玄在《如意菩提》中写道：我们对外在事物的一切反应都与我们的心性相映，心性光明温和的人，他所见到的世界与心性阴暗偏激的人见到的世界完全不同。因此，只有开启光明的内在，才能使我们有喜悦的生活。

在女儿上小学时，我和先生问过女儿，如果爸爸妈妈离婚了，她选择跟谁生活。我女儿回答：“我跟爸爸生活，因为你们都会再婚，我可能斗不过继父，但是我可以斗过继母。”我无法相信才是小学生的女儿就已经考虑过这个问题。通过询问得知，她这些想法来自离异家庭的同学。父母离异的原因可能有多种，但是高概率会让妈妈变成怨妇，导致她个人的负面情绪影响着孩子。虽然父母都能见得到，但是之前习惯的家庭氛围发生改变，孩子的感受就会存在更多的不满足甚至怨恨，看到别人的原生家庭，他会更自卑。父母再婚后，他们可能会亲试上演“宫斗剧”，或者觉得自己多余，就像李老师班上这个同学一样自暴自弃。现在，他看世界是灰的，他怎能再积极地面对一切。

这种情绪要释放出来，需要父母的努力。父母不要在孩子面前互相指责、抱怨，应该多关爱孩子，帮孩子恢复自信。实在不行就需要心理医生的帮助了。我们老师能做的，是用正面的例子去开导学生，开启他乐观、自强的一面。

我班里有一个女同学，父母离异，4岁以后再没有见过爸爸，妈妈忙于服装厂的生意，她跟外婆生活，最近出现爱买东西的情况。她说一天不买东西就会心慌。自己没有需要买的，她就说自己是“小神灯”，任何一个同学有想要的东西，她都会给买来。我想她就是用买东西来弥补心里不满足的那部分，用花钱来排解对父母的怨恨。我跟家长联系后，她妈妈认可我的分析，答应我以后多陪孩子。我深知自己学识能力不够，不能像心理咨询师那样解决学生心理问题，但是我心中充满阳光，我会像李妍华老师一样继续向大家学习，为教育事业尽自己的微薄之力。

虎门外语学校陈泽秀：我上个月刚好也处理了类似的事件。二年级孩子，父母离婚了，由妈妈带，妈妈工作很忙，爸爸基本不管，但孩子周末有时会去奶奶家住。他成绩很不错，纪律也很好，平时很文静，和同学们关系不错。有一次，他不肯来上学，一个多星期没来学校。后来我才知道是因为妈妈打他，加上之前妈妈各种承诺的无法兑现，让他拒绝与妈妈进行任何的沟通。他晚上答应妈妈，第二天就变卦。平时，很多次周五放学他妈妈很晚才来接他，或者让别人帮忙接。事情发生的前一周，他妈妈事先答应来参加家长会，后来全班同学的家长就他妈妈没有来，是我带着他参与活动。孩子对我很信任，在她妈妈没有到的各个场合，都是我陪着他，和他说话，逗他开心，而且我没有失信于他。

我是怎么处理孩子不肯来上学这个问题的呢？转机出现了。她妈妈想办法把孩子带到校门口，但孩子面带怒气地瞪着妈妈，不肯下车。他看到我，眼睛开始泛泪花。我走到他面前，先抱抱他，表达多日不见的想念。在沟通之前，我提前想好了我的几点教育方向，也和他妈妈说，让她结合我这个观点来引导他，不需要一味在孩子面前认错。孩子不愿到我办公室，也不愿开口说话，我们就在车上聊，我让他点头、摇头表达。我表达了以下观点：①父母对孩子发火，本意是因为孩子做错了，需要改正。但打孩子是不对的，父母也要认识自己的错误，并要改正。有问题要说，沟通处理。②孩子用不上学的方式反抗，这样的方式很任性，不讲理。学习是自己的事，不上学，就学不到很多东西，成绩会落下，朋友也会越来越少，梦想更没法实现。正确的做法是把问题说出来，大家一起解决。③每个人都会犯错误，要学会宽容，给别人一次机会。④学会感恩妈妈、感恩老师。妈妈、老师给他爱，帮助他，教他进步。如果爱妈妈、爱老师，他就应该学会感恩，做好自己，回报他们。他已经二年级了，可以做到的。在我的见证下，妈妈和孩子道歉，孩子也知道了自己的任性，看到他们相视而笑，我觉得应该快成功了。但是孩子还是不愿下车进校。

助力的一步——同学情。在我上课的时候，他妈妈不知道怎么做，就把他带进了学校，语文老师和他聊了一会儿。下课的时候，他在楼梯不肯去教室找同学。值日的几个同学看到了他，一个个好开心，跑过来都要抱他。我看到孩子开心地笑了，也哭了。我把他带到教室，同学们给他鼓掌，跑过来抱他，说好想念他，全班人好像一下子振奋起来，整队时喊口令也特别整齐大声，孩子们脸上洋溢着快乐的笑容。这个时候，我觉得他不会走了。我们班同学对他的爱，让他改变了。可是他还是不肯吃饭，他和妈妈的事还没有解决，他说他想和妈妈一起吃饭。我知道这孩子很爱他妈妈，他最怕妈妈骗他了。我约她妈妈来学校，一起帮助孩子打开心结。

这件事之后，我有以下感悟：①父母婚姻的失败，让孩子承受了很多，孩子的心很脆弱，对别人的信任也很脆弱。作为老师，我要珍惜这份与孩子之间的信任，相信他、关爱他。家长更应该敏感些，在这些方面多注意，不可随便说“不要你了，不管你了”类似的话。②这样的孩子不懂得如何去爱人，我在想怎么引导他学会爱人。③同学情，可以让孩子得到爱，也让孩子学会如何去爱别人。我很开心，班里的孩子很有爱。

佛山市三水区实验小学黄诗梅：看到您抛出的案例，我思索了许久。我想起前段时间发的推文“陪你数星星”里面的小王。他的身上或多或少与案例中的主人公有着相似之处。孩子身上的问题和家庭氛围有着密不可分的关系。如果孩子在问题刚开始的时候得不到正面的疏导，得不到家长的积极配合教育，加上多年的岁月沉浸，问题会越发严重，“冰冻三尺非一日之寒”啊！我庆幸，小王分居的父母，在小王的教育节点上，能和我一起努力，帮助小王走出自己的小世界。他的父母也在关心儿子的时间里，重新互相关心，重新牵手。这是大团圆结局。

无论是什么年龄段的孩子，都渴望得到关爱呵护，父母爱的缺失，是孩子转变的关键。再强势的妈妈，也不愿意放弃自己的孩子，但没有找到合适的方法，便会把自己的希望放在老师身上。所以，我们在帮助孩子的同时，要给家长希望，不断地鼓励他们。您在案例中提到，爸爸是愿意配合您对孩子进行教育的，这便是突破口。《儿童教育心理学》一书提道：教师和家长在教育工作中会不可避免地发生冲突，很主要的一个原因是教师的纠正性教育工作源于家长教育的不成功。这一点，教师的教育很容易被家长认为是对他们的指控。所以，我们可以做以下工作：

（1）我们在和家长打交道之前，先要想方设法使家长的情绪朝友好、坦率的方向发展，使自己以一个善意的帮助者的角色出现，让家长知道我们乐意为他们分担，让他们积极参与到孩子的转变过程中。

（2）家长通常会意识到他们在对孩子的管教过程中忽视了什么，但我们千万不能让他们觉察到我们也这样认为。我们在给家长提建议时，尽量用“也许”“可能”或“你可以尝试一下”等，把我们的建议渗透在不经意中。

（3）在教育孩子时，我们要认真、谨慎地对待，和家长一起冷静、客观地探讨可能产生的结果，最好能遵循“越早越好”这条古老而有见地的法则。我帮助自闭的小王走出自己的世界，从侧面重新撮合了他分居的父母。

（4）最后，我想引用《儿童教育心理学》中的观点：“我们要记住单个的行为如果脱离了整体的人格就会丧失其意义。我们只有联系整个人格，才能对个体行为进行更深入的研究。”这也许有些高深，有些概念化，但可以引导我们进行深入的思考：我们班主任的工作，是不是只针对单个学生的行为进行教育呢？能不能不只是头痛治头、脚痛治脚呢？

以上，是我的工作经验和看法。我的班上都是小学生，他们对老师、对班主任有一定的崇拜之情，我感恩这一点，也希望孩子们能健康地成长！

三、研讨总结

广东省名班主任工作室主持人李丹：过去无法改变，源头不再可控。与其将目光放在已经发生的过去，不如将焦点放在无限可能的未来。不知道您是否听过“化问题为技能”的说法，我觉得其实我们可以改变一下看问题的角度。学生肯定是会出现问题的，那么我们老师需要做的，也许不是解决问题，而是教会他们如何避免再次发生同样的问题。例如，小潘同学不尊重老师，无视上课纪录，我们是否可以将焦点放在教授小潘更懂礼仪、更懂守时上？那么，我们和小潘交流的内容就是：小潘，你觉得师生间基本的礼仪是怎样的，我们不如来学习一下吧？你觉得有什么方法能让你能准时来上课，我们一起来想想办法吧？当学生感觉到我们并非站在自己的对立面，而是与他并肩而行时，我们的工作会更有效果。如果我们能改变一下视角，世界就会变得宽阔很多。希望小潘能变得更好。

四、专家视角

首先，案例里面没有介绍学生是哪个学段的，是小学、初中还是高中？其次，他这种表现是父母离异前就有还是离异后才有？根据案例介绍，这名学生还是可以转好的，因为老师和他聊了一次他就好一次，叫他出去玩他也去，说明他还是听老师话的，这很重要。但问题是他没有坚持，说明他没有看到希望，没有理想。加上缺少父爱，离异家庭给他心灵造成伤害，如果妈妈教育不当他就会以种种理由应付他妈妈。针对这种情况，首先，我建议对他做一个调研，如他对家庭、学习、班级、老师、理想、朋友圈等的看法和他的心理状况，发现盲点；然后，根据他是什么学段和他的问卷情况针对性地采取一些措施。

（1）他最佩服的人是谁，最听谁的话，是舅舅、外公还是……他最佩服的人的话的效果比较好。

（2）他有没有朋友圈。

（3）寻找挖掘和发挥他的长处（多种方法）。

（4）及时肯定他的亮点。

（5）发现他的兴趣，寻找共同话题，走近他的内心。

（6）和他家长多沟通，甚至一起制订方案等，如果他本人愿意可以让他自己每天对自己的表现自评。走一步看一步，急不来，静待花开。

专家简介

韩东才，教授，广东省第二师范学院原副书记，广东省德育研究会会长；主要著作有：《学校德育工作新论》合著、副主编（广东高等教育出版社），《大学生人生修养专题研究》合著、主编（中山大学出版社出版），《学校德育改革与借鉴》合著、主编（广东世界图书出版公司），《教师职业道德教程》合著、主编（广东世界图书出版公司），《铸魂工程》主编（中山大学出版社），《班主任基本功》主编（暨南大学出版社），《班主任叙事》主编（暨南大学出版社）；此外，在省内外刊物发表了一批论文。

本期研讨主持人及文档整理人：广东佛山市高明区第一中学　李妍华

第⑫期 学生表现不佳，家长也有心无力，我们该怎么办?

一、典型案例

刚开学几周，班主任就发现某学生在德育考核分上出现了严重负分。班主任想要和家长进行有效的沟通，但家长每次都说自己也无可奈何，说学生会更听老师的话。班主任对这种把责任完全推到老师身上的家长很无奈，每次打电话聊孩子的情况，都只听到家长在抱怨孩子在家的行为。遇到这种情况，班主任如何和家长针对学生的情况进行有效的沟通，从哪些方面入手可以提高沟通的有效性?

二、一线碰撞

1. 盟友的感叹：伤脑筋，任重道远

珠海市理工职业技术学校宋泽琳：很多家长对老师不太尊重，和孩子的关系也不好，学生会顶撞家长，回到学校就顶撞老师。老师跟家长反馈，家长还有种受害者心理，觉得老师没有耐心引导学生，导致他养成坏习惯。这种情况真的很伤脑筋。科任老师也许会放弃学生，班主任却不可以，所以我们班主任真是任重而道远。

2. 转变策略：批评，先从表扬说起

河北省蠡县中学葛云杰：班主任是不是可以改变策略？由于学生违纪较多，家长和学生经常被教师“教育”，或者家长过度管理导致亲子关系紧张。我们如果先从表扬学生开始，可能就会更容易让家长放下包袱，实现良好的家校合作。同时我们要尊重家长，理解家长，与家长站在同一条战线上，为了孩子的进步共同努力。只有我们得到学生的理解和认可，教育效果才会更好。我们的使命是帮助学生成长，帮助家长让学生成长，而不是让家长为我们教育学生而服务。

广东省茂名市祥和中学吴宝霞：现在家长一接到老师电话就会变得特别紧张，担心是不是孩子又犯错了，这个可能是我们老师长期给家长打电话批评孩子所致。

佛山市顺德均安文田中学黄碧玉：我的班上也有一个这样的学生，初一的时候几乎不出操，他初一的班主任是个刚毕业的年轻女老师，拿他没办法，把问题反馈给他爸爸，他爸爸答应会去管，但是从来都不管。这学期开学第二天他又不出操，我就去男厕所把他拎了出来；过了几天他又不出操，我们班班干部又把他从男厕所拎了出来；过了几天他又不出操，级长又去把他从男厕所拎了出来。他还有很多其他违纪情况，如上课睡觉、不交作业、迟到讲话、违纪扣分等，我先在说服这个学生的基础上将情况一一记录下来，并让这个学生自己签上名字作为证明。然后我开始跟他的家长聊。我聊的时候是先说该生的好，我说他在这个学期有想上进的欲望，交作业也比以前积极，上课听讲也比以前认真；然后说了该生其他方面的不足，我说我是新任班主任，想趁着开学初整顿一下全班，希望学生能够有进步。他爸爸听了以后表示会跟进。昨天我跟他反馈了一个问题，他爸爸后来给我打电话具体跟我聊，我觉得他家长开始慢慢参与孩子的教育了。

广东省茂名市祥和中学吴宝霞：班主任应先赞扬孩子，让家长能看到自己孩子的优点，这可以提高家长对新任班主任的印象分；再提出问题，让家长配合改进。这时家长想要去对孩子进行教育的心就会更迫切，因为孩子有进步，家长看到了希望，就想让孩子继续改进。对于黄老师说的做记录这个方法我也觉得非常必要，否则班主任想要开展一些工作，会让家长会觉得班主任对自己孩子有偏见，而当事实摆在那里时，家长就没有什么好说的了。

佛山市顺德均安文田中学黄碧玉：记录可在必要的时候拿给家长看，家长就会承认这些事实——原来我的孩子的问题真的很严重。这对家长的心理会有一种较大的冲击。

惠州市惠东中学初中部陈景瑛：案例中的家长总是接到投诉的电话，他也很无奈，就犹如后进生一样，觉得反正都这样了，没必要做无用功。如果班主任先说孩子的优点，分析孩子的特点，让家长觉得孩子可以转变，让家长看到孩子的希望，我想，家长会积极配合的。

3. 与家长产生共情，效果更佳

广东省顺德区杏联中学任俊二：遇到这种学生，我的做法是逆向而行，我给家长打电话不是投诉学生，而是反馈学生的闪光点并把它放大，这样家长才会更愿意去听，才会去配合我。有个学生就是这种情况，我打电话给他家长说的第一句就是表扬他的孩子很有礼貌，然后家长和我说了很多，最后我们两个人达成了共识，就是共同去教育这个小孩。还有个父母离异的孩子，扣分再多他也无所谓。通过与他交谈，我得知他的妈妈从来都不管他，他的爸爸忙于打麻将，他几乎处于事实孤儿的状态。我就想方设法联系到他的妈妈，然后站在一个女人的角度动之以情，晓之以理，让她不要抱怨对家庭的不满，多关注对孩子的教育。后来他的妈妈答应我每周主动给孩子打电话，关注孩子的身心发展，后来这个孩子变得比之前有上进心了。

广东省茂名市祥和中学吴宝霞：父母的关注对孩子的帮助很大，任老师从一个女人的角度去与家长先产生共情，这点做得很棒呀！

广东省顺德区杏联中学任俊二：有时候家长也需要发泄口，我们耐心地倾听他们的话，也更容易与他们产生共情，达成共识。

广东省茂名市祥和中学吴宝霞：确实如此，有些家长也需要宣泄，尤其是一些单亲家庭的家长。

云南省普洱市景东彝族自治县银生中学李哲香：我成为家长以后，才更理解家长的无奈：因为缺少方法，所以觉得孩子不听话。家长需要方法的引导。

在表示同理心的前提下，教师可以推荐一些可行的方法或者为家长提供一些学习的资源。这样，家长会觉得教师和他站在同一战线，是队友。教师可以多途径为家长提供成功案例，给予家长参考和信心。

惠州市惠东中学初中部陈景瑛：除了表扬孩子的闪光点之外，我还会举一些类似的案例，告诉家长，只要我们共同努力，孩子就有希望改变，越是调皮的孩子就越聪明，转变之后就更有希望成功！

广东省茂名市祥和中学吴宝霞：我们可以提供给家长一些成功的案例，让家长充满信心！

广东省顺德陈惠南纪念中学杨建飘：我曾用过一个“简单粗暴”的办法，感觉有效。我从自己书柜里拿出《正面管教》，放在文件袋里密封好让孩子交给家长（密封是为了不让孩子知道对付他的套路）。我事先告诉家长：我们做父母的都没经验，我也遇到很多困惑，有些困惑还不好意思问别人，问了别人好像也不能给我提供多大的帮助，后来在网上搜索家庭教育书籍排行榜，就买销量高的那些书，发现书对我的帮助太大了，里面的案例简直就是现场直播。这本是我看过的书，这个孩子的行为大概在第几章有解读，上面有些有效的办法可能对家长有帮助，这本书借给家长一周，看完后和家长一起商量接下来怎么跟孩子沟通。如果这位家长觉得有用可在网上购买慢慢看，这本书还有别的家长要借（给他期限并等他看完再沟通，都是为了让他在一周内看完）。有些家长看完一本书觉得有用后会找人帮他再买其他的亲子沟通的书籍。

广东省茂名市祥和中学吴宝霞：这个方法很妙呀，给家长推荐书籍，直接把书籍提供给家长，让家长立马学习，立马实施，产生教育效果。家长学会了如何教育孩子，孩子自然在学校就不会出现问题，也就不会有后续难以沟通的问题。

4. 学会多方面分析原因，组团指导和沟通

我们要学会多方面分析原因，借助团队的力量去指导和沟通解决问题。比如，从这个案例我们可以分析出以下几点：

（1）家长对孩子的教育无可奈何，有心无力。

（2）家长依赖老师，相信孩子更听老师的话。

（3）家长对于孩子在家的表现抱怨多。

（4）家校以电话方式沟通，效果不明显，老师比较被动。

我给出下列措施和建议：

（1）班主任与心理老师或在家庭教育方面比较成功的老师组团家访，与家长面对面交流。

（2）班主任详细了解学生的成长环境、家长的家庭教育理念和教育能力。

（3）班主任家访时，要尊重家长，认真倾听，对家庭矛盾保持中立态度。

（4）班主任对家庭教育问题进行分析，给出比较专业的建议。

（5）班主任对学生的不良行为习惯加以矫正。

（6）如果需要，班主任请心理老师为家长和学生做心理辅导，还可与社区等部门沟通，请他们给予适当帮助。

三、研讨总结

学生的成长过程必然伴随一些风波和曲折。面对这些暂时的曲折，我们要先学会平常心对待，在做好记录的同时，冷静分析学生出现这些问题的原因；做足准备后再与家长进行沟通，学会站在家长的角度去想哪种方式更能让家长接受；实现有效沟通后要做好学生情况跟进，与家长一起做静待花开的教育者。

四、专家视角

搭建家校合作平台，形成教育合力非常重要。家校合作就是让家庭教育与学校教育形成合力，互相配合，针对每个孩子的实际情况去进行引导，给予他们更多的关心，让孩子充分享受到来自学校和家庭的关爱，享受到教育带给他们的快乐。学校教育除了教授学生科学文化知识之外，最重要的是培养学生良好的行为习惯。习惯的养成是一项长时间的、复杂的工程，学生处于家和学校这两个场所，这就需要家长与学校的相互配合，需要家长与学校对学生的要求一致、目标一致，这样才能有效地帮助学生养成良好的行为习惯。通过家校合作，双方可以互相交流信息，为培养孩子寻求最合适的方法，还可以互相学习，帮助孩子认识自我。

专家简介

曹智琴，教育硕士，中学语文高级教师，珠海高新区德育教研员，珠海高新区责任督学，南粤优秀教师，广东省“百千万人才培养工程”初中名班主任培养对象，广东省骨干教师培养对象，珠海市青年骨干教师，珠海市义务教育学业质量监测与评价骨干教师；珠海市“名师名家大讲堂”专家成员，珠海市社科联讲师团成员，珠海市教科研专家库及市劳动教育课程评委专家库成员、珠海市信息技术应用能力提升工程2.0培训专家库成员；云南怒江及珠海多个市名师工作室、名班主任工作室导师；首届珠海市名师工作室主持人，工作室期满考核获“优秀”等级；曾获国家级赛课及论文评比一等奖，教育成果评比二等奖；近年来主持并结题省级以上课题2项，主持在研省级课题2项，在省级以上期刊发表多篇论文；曾被选派参加省语文课标划定工作；到云南怒江、西藏林芝、广东云浮及阳江等地送教送课；接受珠海电台教育采访多次；负责的区级线上教育成果被澎湃新闻、南方+、《珠海特区报》等媒体报道。

本期研讨主持人及文档整理人：广东省茂名市祥和中学　吴宝霞

第六章

行为习惯养成问题

第⑬期
开学初，应该培养学生什么习惯？

一、典型案例

好习惯让人受益终身。培养学生的良好习惯是教师教育教学工作中非常重要的一环。但是，在新学年，特别是新一个阶段开始的学年，如小学一年级、初一、高一，或者是在原班换了新班主任的情况下，很多学生对新阶段的纪律、行为习惯、新班主任的风格等不是很熟悉，班主任若不在源头及时纠正、磨合，后期就很难管理。在开学初期有意识、有计划地培养学生学习、生活等各种习惯的过程中，您认为学生最需要养成的习惯是什么？

二、一线碰撞

1. 行为习惯

河北省张家口东方中学李燕：培养自律的习惯，不仅是孩子们，也是我们教师、成年人都不断追求的。我希望通过一系列活动培养学生自律的习惯，并能让他们体会到自律带来的成就感。

河南省新郑市薛店镇第一初级中学刘超鹏：我们要让学生养成自觉自律的习惯，拥有自己的目标，同时学会上好自习课，严格要求自己，不能等着班委去维持纪律；另外，让学生学会遵守纪律，课上不说闲话，不睡觉，不影响教师上课。

广东省佛山市三水区西南街道北江小学陆韵妍：①见人问声好。这是对学生提出的基本的礼仪要求，我要求学生对任何教师都主动打招呼。②走路靠右走。无论是课间还是上下楼梯排队，学生都要靠右走，下意识地学会谦让。以上两点，我将通过开展“文明之星”评比活动进行评价。③做操有精神。这是班级班风班貌的展现。每个学生都要听指挥，动作做到位，增强体魄，爱惜身体。我将通过开展“健康之星”评比活动对此进行评价。

2. 学习习惯

河北省张家口东方中学李燕：培养阅读的习惯。《高效能人士的七个习惯》和《终身成长》这类书籍现在的学生平时根本不读，我希望他们从中获得启示，哪怕只有一点点。

中山市东升镇旭日初级中学萧冰娜：引导学生树立良好的学习态度。小学六年，个别学生已经被拉开距离，分开层次。除了天生智力问题，这在很大程度上是因为学生的学习态度。初中又是一个新的起点，很多学生是有机会改变的。我主要抓读书、作业、听课、笔记、坐姿、纪律等学习习惯，所以9月是很关键的一个月。

河南省新郑市薛店镇第一初级中学刘超鹏：我今年带的是初三的学生。我让学生养成惜时如金的习惯，利用好一天的空当时间，争分夺秒，按时进班，及时进班，学习并巩固。

广东省英德市实验中学余琼芳：①对于学习资料，学生要学会/保持分类、有序整理；②学生的课前候课准备习惯要养成/保持（学习资料、学习工具、纪律要求、心理准备）；③学生要养成课堂互动习惯、合作讨论习惯；④学生要学习时间管理，高效学习及完成有关学习任务。

广东省佛山市三水区西南街道北江小学陆韵妍：①写字姿势正。班主任要求学生养成良好的书写习惯，注意写字姿势，无论是课堂练习还是课后作业。②每天勤读书。班主任培养学生每天坚持朗读、阅读打卡的习惯，利用晓黑板、班级小管家等网络软件进行统计。③常主动提问。班主任搜集科任老师的反馈，了解哪些学生近期学习态度较好，较积极思考，勤学好问，从科任老师方面摸底，再通过班级同学投票选出。这几项可以通过设置“智慧之星”进行鼓励。一月一小评，一学期一总评，奖励档次层层提高，借助家委会的力量，变换不同的奖励方式，激发学生的积极性。

克拉玛依市第五中学刘倩： 在开学初，我们年级组就向班主任、老师和学生强调了“静”和“学”。学生静下心来学习，内心不浮躁，做到眼里有光、心中有爱。只有静下来，学生才能安心学习。静下心来，学生才可以好好安排自己的学习计划，回顾反思每节课的内容，提高学习效率。静心学习，也为高效的课堂学习铺垫了情感基调。同时，“静”和“学”都是学生的自发行为，学生自觉安静、主动学习。新学期，我愿学生能养成“静”和“学”的学习习惯！

3. 卫生习惯

广东省佛山市顺德区成美初级中学欧阳嘉镁： 班级卫生靠大家。学生在家可能不做家务或者只有一小部分做家务，不过他们基本上都忘记了看到校园公共场合的垃圾随手捡起来的习惯，还有一到班就摆桌椅、捡垃圾的习惯，离开班级之前收拾桌面、摆桌椅、捡垃圾的习惯。这些被遗忘了的习惯也是要捡起来的，这样才利于维护校园环境。

广东省佛山市三水区西南街道北江小学陆韵妍： 清洁自己做。我要求学生自己座位周围的卫生自己负责，一周内负责的值日生按时尽责地完成任务。此项我会通过设置“劳动之星”进行激励。

4. 生活习惯

中山市东升镇旭日初级中学萧冰娜： 我个人认为，从养成习惯来说，在开学的第一周，培养学生的时间观念是很重要的，尤其对于刚升初一的学生来说。初中和小学的在校作息时间安排是不一样的，学习的科目也增加不少，学生需要适应改变。

广东省佛山市顺德区成美初级中学欧阳嘉镁： 准时到班。假期里学生的作息基本上都乱了，想要维持上课精气神实在是太难了。不过我们学校学生全住宿，睡觉和起床时间都固定，所以我们要抓的就是学生的迟到，让他们不要铃响了还躺在床上。

广东省英德市实验中学余琼芳： 养成良好的生活习惯，着重在午休/晚上就寝习惯上。我们班有部分学生因为日常学习较累，回到宿舍后就不愿意正常就寝，喜欢聊天，以此舒缓压力；或者有的学生晚上不想太早睡，会打着手电偷偷看很久的书。

三、专家视角

培养学生良好的习惯是新学期工作之重，培养好学生的行为习惯、学习习惯、卫生习惯、生活习惯有着十分重要的作用。例如，守纪是培养课堂的规范意识，能有效避免班主任陷入处理琐事的旋涡；守纪落实到课堂坐姿上，学生姿势正确会减少瞌睡的频次。大家就本案例从四大方面（行为习惯、学习习惯、卫生习惯、生活习惯）进行智慧碰撞，更从很多的细节进行阐述，如在培养行为习惯方面，细化到见人问声好、走路靠右走；在培养学习习惯方面，具体到写作姿势的要求、主动提问的技巧。这些从大家的实践中提升出来的理论，再运用到我们的实践中，相信一定会有更好的实效。

专家简介

梁蓬光，男，佛山市顺德均安文田中学德育主任，从事中小学德育管理二十多年，佛山市德育工作先进工作者、佛山市青少年毒品预防教育讲师。

本期研讨主持人及文档整理人：广东省佛山市三水区西南街道北江小学　陆韵妍

第⑭期 学生没有养成良好的劳动习惯，怎么办？

一、典型案例

在全国教育大会上，习近平总书记提出“德智体美劳”教育，特别强调要培养学生的劳动能力。劳动是一个人生存的本能，也是一个国家发展的根基。劳动教育不可松懈。现在的孩子普遍缺少劳动意识，更不要说劳动能力，他们对于一些简单的劳动也是抱着能逃就逃、得过且过的态度。因此，增强孩子的劳动意识，培养他们的劳动能力，我们作为班主任任重而道远。但是，现在很多家长太关注孩子的成绩，觉得只要成绩好就行，不需要孩子做其他事情，连基本的生存技能都不教。所以孩子才会事事认为理所应当，并不感恩家长的辛苦付出。学生没有养成良好的劳动习惯怎么办？如何培养？

二、一线碰撞

培养学生良好的劳动习惯，如何创设多元的劳动教育途径？

1. 劳动教育是值得期待的

河南省郑州龙门实验学校黑江丽：我感觉要让孩子们在劳动中感到快乐，有所收获。上周在永联学院，齐崇老师在讲座中就提出，带领孩子们到农场参加劳动，让孩子们亲近大自然，真正地收获自己的劳动果实。相信孩子们对劳动是充满期待的。

2. 最好的劳动是愉悦的体验

佛山市三水区乐平镇范湖小学马思怡：我认为最具有吸引力的劳动教育应该是使孩子愉悦的劳动体验，使他们亲身意识到做好这件事本身的意义是什么。我们可以创新劳动教育的途径，发展多元化的劳动方式。除了传统的打扫卫生，我们可以将劳动教育与其他学科相结合，如综合实践课，我们可以带着孩子在校内种植小植物，让每一个孩子都能体会到一分耕耘一分收获的乐趣和成就感；我们可以开发劳动教育的班本课程，如引导孩子们制作手工进行环保义卖。孩子们不仅仅能通过劳动获得“收入”，更能收获劳动带来的认同感和价值感。

3. 竞拍公区，拓宽劳动范围

江门市蓬江区丹灶小学张兰英：关于劳动教育，我主要从以下几个方面进行教育。

（1）普及劳动的意义，激发劳动的兴趣。我会告诉学生，劳动既可以给自己一个干净的环境，又可以锻炼身体，只有表现优秀的学生才可以参与班级劳动，不认真打扫卫生的学生将被取消班级劳动资格，从而让大家爱上扫公区，觉得这是一件光荣的事。

（2）我想到的办法是竞拍扫地，实行加分原则，并将其纳入“我最棒”的评比。一次可以两个四人小组竞拍成功，一共是8个人，选出一个小组长全权负责，包括画好公区区域和协调安排人员。小组长负责现场指挥，可以不用参与劳动。由于每人每天可以加10分，一个四人小组，一个星期就可以得到280分，所以他们都很积极。竞拍成功以后，小组长就画好区域，分配谁负责拿扫把，谁负责拿垃圾铲、垃圾桶，谁负责乒乓球台，谁负责凳子周围，等等。学生们分工合作。为了确保高效地扫地，我还规定，如果态度认真、速度又快，每人每次还可以另外加10分，就是每人每次加20分；但是如果扫得慢，原来的那10分会被扣掉，就是得0分。所以大家不敢随便应付。教师要做有心人，定期观察、拍照、总结。我基本上是一发现问题，就会利用早餐时间第一时间放出图片或录像，并且提出解决方案。

竞拍打扫公区的这个做法很受欢迎，因为，基本上参与公区打扫的小组都有资格获得“丹彩币”（在丹彩小学，每人都有一本“丹彩银行”存折，流通的货币则是“丹彩币”）和贴照片到光荣榜上的机会。这也关系到期末抽奖和作业包的问题。四个人都获得“我最棒”，可以抽优秀包，作业少，还可以一人抽一份礼品。“丹彩币”最多的小组也可以抽奖励包，作业也不多，每人一份礼品。要是这两项都达不到，只能做全部作业，抽待进步包，也没有礼品抽奖。

4. 创新劳动方式，拓宽劳动范围

江门市蓬江区丹灶小学张兰英：劳动方式可以是每个周末孩子们在家帮助父母干活，如拖地或自己动手煮菜等，拍视频或照片分享到微信群。老师在开始几周一定要多表扬或颁发奖状奖励“劳动小标兵”等，同学们会很自豪。劳动方式可以是参与校外的亲子义工活动，就是大人和孩子一起去社区打扫卫生或派发垃圾分类宣传单、创文宣传单等。学生把参加亲子义工活动的照片晒出来，贴在班级的展示栏。劳动方式也可以是在节日的时候，学生帮爸爸妈妈捶捶背；重阳节帮爷爷奶奶洗脚；春节帮忙贴对联，做汤圆。

5. 加强习惯养成，家校共育

河南省郑州龙门实验学校黑江丽：今年接手的班级，最让我头疼的就是班级的卫生问题。每一天都是在我的一再督促下才会有人打扫卫生。我安排学生早自习下课先打扫卫生再去吃饭，但总有孩子一下课就逃了。个别孩子留下来打扫卫生也是磨磨蹭蹭，不但没有打扫干净，还耽误了吃饭时间。可气的是刚打扫完卫生就有孩子随手丢垃圾。面对这种状况，我的做法如下：

（1）加大监督力度。在每天的早饭时间，我会到教室亲自监督值日生打扫卫生，甚至手把手教他们怎样分配劳动任务更合理，如先扫后拖更高效。有时候为了提高劳动效率，我会计时，看谁最先完成任务，并加以奖励。在我监督的情况下，孩子们能很好地完成任务，但是一旦缺少监督，孩子们依旧我行我素。

（2）强化日常行为习惯的培养。针对班级卫生的现状，我们班召开了“我为校园环境助力”的主题班会。我首先展示一些学校优美环境的照片，让孩子们感受到在干净、整洁、美丽的环境生活是一件很幸福的事情；接着展示一些孩子认真打扫卫生的照片，特别是一些小学生在寒冷的冬天还拿着抹布在擦楼梯、垃圾桶的照片，让孩子们理解优美的环境是靠大家来创造的；然后展示学校的一些卫生死角，特别是楼层的厕所，孩子们看到这些照片时发出一阵嘘声；最后我提出问题“这是怎么造成的呢？我们在这样的环境里心情会怎样呢？我们怎样解决这些问题呢？”孩子们各抒己见，然后就有了当周的周记主题。

始于理论，终于行动。班级选出“特派员”每天监督大家的行为，看到谁随手扔垃圾就制止，并每天检查教室每个人座位周围的卫生。

（3）劳动不限于打扫卫生。一个很合时宜的事件就是我每周都回老家参加劳动，劳动的强度也很大。周一我会跟孩子们分享我的劳动体验，特别是分享村里人会对我竖起大拇指，说我是同龄人的榜样。一方面，孩子们会对老师佩服有加，另一方面，孩子们知道了劳动可以创造幸福。我们在学校打扫卫生仅仅是劳动的很小的一个方面。

（4）家校联合，共同为孩子创造劳动环境。现在的家长经常说的一句话是“只要学习好，什么事都不让你做”。家长也确实是这样做的，甚至是对学习不好的孩子也什么事都不让做。我通过和家长单独交流以及家长会，跟家长讲述劳动对一个孩子性格培养的重要性，它甚至影响着孩子以后的生活。

在家长同意的情况下，我会布置社会实践作业，如每周打扫卫生，洗碗，做一道拿手菜，参加社区志愿者活动，元宵节做手工灯笼，等等。

（5）劳动打卡，宽严相济。

中山市东升镇旭日初级中学刘美燕：其实劳动教育应该成为现代教育中不可或缺的一部分，地位相当重要。我依稀记得在我们读书的年代，学校没有打扫卫生的阿姨，整个学校的卫生全部由各个年级的学生承包，包括绿地除草等。尽管我们当时觉得很辛苦，但也培养了动手能力，至少懂得做好个人卫生。反观现在的孩子，在这一方面的教育太少了。

我刚接手现在这个班级的时候，教室里的垃圾桶随意乱放，各种各样的零食包装随处可见，学生座位底下垃圾遍布，讲台也乱七八糟的。所以在我的第一节课，我讲的不是我自己的专业课，而是对学生提出各种日常卫生要求。我是通过以下方式努力提升孩子们的劳动积极性的：

（1）我对课室和包干区卫生提出严格要求，并手把手教学生如何使用扫把，如何快速打扫卫生。班级每周进行一次大扫除。如果没有达到卫生要求，我就会让他们反复打扫，直到达标为止。

（2）我在课堂上对课室卫生情况好转的情况一一进行讲述，让学生自己感受这种良性变化。

（3）很多家长反映孩子在家基本衣来伸手饭来张口，所以我在家长会上强调让孩子参与家务活动，特别是在寒暑假期间，要求孩子一定完成家务打卡，家长进行监督。

三、专家视角

劳动教育是学生德智体美劳全面发展的主要内容之一，是中国特色社会主义教育制度的重要内容。只有引导学生树立正确的劳动观念和劳动态度、热爱劳动和劳动人民、养成劳动习惯的教育，才能真正培养社会主义合格建设者和可靠接班人。本场讲座把时代热点作为话题，并从劳动的意义、如何趣味劳动、竞赛劳动及其奖励方面，结合家校共育，探讨如何引导学生养成良好的劳动美德习惯，既时尚又灵活有效，值得大家学习。

专家简介

黄国胜，男，高级语文教师、顺德区首届名班主任、均安镇德育特聘教研员、家庭教育高级指导师；长期致力于新班主任业务能力培训，主持开展咖啡屋活动，全方位提升新班主任业务水平；推广案例教学、家教沙龙，助力规范化家长学校建设；组织编写《案例教学教案》（小学到至职中共四册）；被评为优秀德育特聘教研员、顺德区优秀教师育人优秀教师。

本期研讨主持人及文档编辑：佛山市三水区乐平镇范湖小学　马思怡

第⑮期
学生之间的恶作剧，你怎么看？

一、典型案例

最近有一所学校发生一起惨剧。一名初中女生，上课铃响，急急忙忙往座位上跑，中间一个男生把脚伸过去故意绊她，本来就是个玩笑，但这个女生直接一头撞在桌上，等救护车赶来的时候，人就不行了。女生的家长到学校哭得昏天黑地。男生是单亲家庭，没有人管，也赔不起。现在全班的学生都在做心理辅导。我们一定要教育学生，千万不要故意绊人，不要抽板凳，这玩笑开不得啊……

二、一线碰撞

1. 反对or赞成这样的恶作剧

廉江市第三中学刘常镇：我在读小学五年级时，也做过类似的事情。课间，同学们都背靠走廊站着说话。我和同桌关系比较好，他也站着。突然我用脚撩起他的双脚，他失去了重心，差点从二楼掉下去，幸亏当时他抓住了旁边同学的衣服。虽然我当时是觉得好玩，完全没有恶意，但是险些造成大祸。我永远记得那个情景。有些玩笑开不得！

深圳市格致中学刘永要：我倒是觉得，这是孩子之间的玩乐方式，是孩子快乐的源泉。真正出问题的事例很少，应该都是个案。因为个案而禁止孩子的这种行为，本身就不妥。正如开车会出问题，难道我们就禁止开车吗？当然我们有提醒学生注意安全的必要。但是要是什么都被禁止了的话（如春游），孩子们就更不快乐了。他们只能呆坐在椅子上，下课也不能跑到教室外面，不能上下楼梯，因为怕出事。这样难道真的好吗？我们是教育者，我们的孩子却不能像我们以前那般玩乐，如我们小时候玩的单双杠、跳马等，现在的学生基本都不玩了。照这样看，学生走路也会有问题啊，也可能会摔跤啊，那还让不让学生去做呢？

佛山市南海区石门高级中学袁焕青：但是绊脚不是游戏，有点恶作剧，确实危险，不赞成。有恶意就不赞成。

西安市临潼区临潼中学赵静：现在社会上有部分人有着偏激的维权意识，有部分家长很难缠。其实游戏中的孩子很快乐，但很多活动都有安全隐患，得不到家长理解，就只能下令禁止了，因为我们教师也是人，不是神。我们教给孩子做任何事情都要掌握尺度，这很重要。

湛江一中培才学校王德军：人都是经济人，会趋利避害，至少群体是这样的。当然，自己的课堂、自己的班级，某种程度上可以自己做主。这就是班主任的权力。

佛山市南海区石门高级中学袁焕青：可能是我自己本身不喜欢那种让人狼狈的游戏，会不会有些人也像我这样？我们自以为的游戏有时还是要考虑别人认不认同这是游戏，否则就算不会造成伤害也会生产矛盾。

2. 组织学生参加社会实践，老师们是如何组织的

西安市临潼区临潼中学赵静：我很想带我班的孩子去春游。春游是最生动的生命教育，可是我不敢，想想还是算了吧，万一出现危险就麻烦了。

佛山市南海区石门高级中学袁焕青：可以由家委会组织春游，现在很多学校都这样。

湛江一中培才学校王德军：是的，现在学校都是这样组织活动，风险性小，体验性好，家长也能理解老师的辛苦。

深圳市格致中学刘永要：但高年级的学生其实不愿意带上家长。

湛江一中培才学校王德军：不一定要带家长，有家委会就行。当然家长想去也行。

深圳市格致中学刘永要：关于高中阶段春游外出，袁焕青老师经验丰富，来介绍介绍吧。

佛山市南海区石门高级中学袁焕青：我不会出面组织，学生自己找旅行社就行。高中生会自行组织、处理的。现在的旅行社很灵活，老人家的几十块钱旅游团他们也做。专业的东西让专业的人去做，不要试图自己什么都搞定，我们负责大的方向指导就行。一些简单的活动组织得好，就能增强班级凝聚力，如果把安全问题都考虑进去了就更好了。

佛山市实验技工学校黄玉纯：但如果是周末时间，学生自行组织的活动，一旦出了安全事故，学校和班主任依然会受到牵连。周末时间，学生出事，班主任有没有责任？我们应该做好分内工作，注意维护自己的利益，这样才能更好地享受教育带给自己的幸福点滴。

佛山市三水区乐平中学邝石强：个人愚见， 当今的教育形势，过度强调维护学生的权益和家长的感受，而忽视了我们教师的心声。当然我们也不能过度紧张，以免剥夺了学生的幸福。我们应尽力做好自己的本分，共创教育之乐、教育之福！

3. 教育情怀，如何理解

佛山市南海区石门高级中学袁焕青：社会上发生了一些教育不公平的事，即使是这样，还是有这么多同人这么努力，所以，我们都是很有情怀的人。我很幸运，碰到很多好学生。对于好的学生，我们更要培养他们长远的目光、厚重的社会责任感，使他们有深入的思考，能够改变未来。

廉江市第三中学刘常镇：现在，有社会责任感的学生并没有很多。

佛山市南海区石门高级中学袁焕青：我们都是从学生时代走过来的，我们都是当年的好学生，都是有社会责任感的人。有社会责任感的人很多，不是说捐钱的人才叫有社会责任感，遵纪守法、合理利己，都是有社会责任感。

佛山市实验技工学校黄玉纯：我觉得我们鼓励自己、做好自己、成就学生，才有让我们幸福的点滴，不然真的很难坚持。虽然不能左右别人，但是我们做好自己，这也是教育的意义，老师们不要太悲观了。

深圳市格致中学刘永要：不要太悲观。这个社会中还是有很多有责任感的人的。我感觉在这个群里的都是有责任感的、想在教育生涯中做得更好的老师，如果不是的话，整天看我们讨论如何更好地教育好学生这样的话题，会被“虐”的。所以，这个社会中很多人都是很有责任感的。只不过，我们习惯看到社会的阴暗面而没有尝试把眼光放得更远罢了。黄玉纯老师的文章《2017，不容错过的德育案例》就有这样的担当精神，铺平了一个又一个孩子的求学路。这不是责任感是什么？常镇老师你何尝不是具有社会责任感的人？你写的东西，虽然经常关注社会阴暗面，但是我觉得你是鲁迅式的人物，对社会只是怒其不争罢了。你是关注社会、体恤学生的好老师！

佛山市南海中学分校梁鹏程：这个《2017，不容错过的德育案例》里的案例超级好，体现了老师应有的底线，也反映了玉纯是真正有责任心的老师。

佛山市南海中学分校吴鲁耿：玉纯这些案例，没有真情实感绝对写不出来。转变一个学生固化思想的难度不亚于换掉一个脑袋，而玉纯做到了。我特别认同这样的师生关系，这些案例必须扩散啊！这是一个真老师啊！

广州大学附属中学冉红梅：我上学期就遇到这样的一个孩子。上午他逃学了，家长把他送到办公室就离开。怀孕六个月的班主任询问原因，他拒不开口。班主任说不舒服，让我帮忙问清原因。我刚走过去，还没开口，他就突然情绪大爆发，我赶紧顶住门，不让他出去，却把他激怒了。我依然得顶住门，不让他跑出去。怀孕的班主任以为他会给自己面子，可他一样听不进班主任的劝说，甚至对赶来的妈妈也视而不见，只顾发泄情绪。试想，若当时被他跑出去，估计我们几天都不得安生了。我们询问家长，他在家是否有类似情况。家长说他发怒的情况是有，也出走过几次，不过都能找回来。我们分析了他的家庭情况，他的爸爸当过兵，是权威型家长，对待孩子有时会过于严厉，他的妈妈对他期望很高。他很内向，在班里基本不讲话。此次逃学就是怕英语测试不合格，会受到老师的批评。我们当时就劝家长带他到医院找心理医生去做检查。后来家长去了几家医院，确诊孩子得的是抑郁症，急性发作时便表现出狂躁，随即开始药物治疗。尽管我尊严受到侵犯，但是我觉得孩子更可怜。科任老师都得到通知，在学生中为他保密患病一事，注意这个孩子的情绪，尽量减轻他的压力。至今他的表现都还算正常，我主动微笑对他，他看向我的眼神总是充满歉意。时刻记得宽容、理解，甚至忍辱也得化解危机，这就是老师的责任。

三、专家视角

本期研讨从学生之间的恶作剧这一话题开始，引出对组织学生外出参加社会实践的方法的讨论，引出老师们对教育情怀的思考。大家既从学生层面出发，也从家长、教师层面进行思考，多方位、多角度地针对问题的原因、有效方法慷慨献计献策。从老师们的研讨中，我们可以深深地感受到老师们对教育的诚挚之心！向热爱教育、关心教育的人致敬！

专家简介

蓝有勇，佛山市顺德区均安镇建安初级中学德育主任，英语高级教师，从事中小学德育管理二十多年，佛山市优秀教师、优秀团干、优秀志愿者，主持或参与多个课题，有多篇论文发表。

本期研讨主持人及文档整理人：西安市临潼区临潼中学　赵　静

第⑯期 学生沉迷于手机，怎么破？

一、典型案例

有个家长说孩子下半年开学就是高一了，这个暑假他非常沉迷手机，玩游戏、看抖音、聊天等。家长让他与同学和朋友多接触，他们到一起后也是玩手机，提醒他休息一下都不行；约同龄孩子一起想带他出去走走，他也不肯。现在他更是要二十四小时不离开手机。家长偶尔与他聊聊家常，让他做点家务这些还好，但他手机不离手，能交流的时间太少，就算交流也是他边玩手机边说几句的状态。

当提起家长在当中的影响的时候，当事家长回复：我们不玩游戏，在他面前也很少看手机，只是偶尔拿我们的手机给他限时玩一下。但到了初三他就开始借同学的手机回来偷偷玩，直到今年五月份他以不上学相威胁，强烈要求自己有一个手机，并且提出每天玩半个小时，我们就答应了。但慢慢地，他玩手机的时间变长，有点控制不住，临近中考，我们不敢太强制他。他初中一直名列前茅，尽管爱玩但对学习也有兴趣。谁知就是从有手机开始，他慢慢地结交了不良朋友，中考前的端午节竟离家三天出去疯玩，导致中考成绩一落千丈。我们暑期怕他再与不良朋友出去，就没与他说玩手机的事了，只提醒他要适当休息，保护视力。

面对这样一步步失控的状态，有什么好的方法呢？

二、一线碰撞

河南长葛市建设中心学校董沛：玩手机是现在孩子的普遍现象。我班曾经有个孩子，他很听老师的话，但对家长的话就如耳旁风。他的妈妈很苦恼，就经常打电话联系我，让我跟他谈心。他除了学习不好，其他方面还不错。他是个特别有礼貌的孩子，我就抽空跟他谈心、交流。慢慢地，他学习变得努力了，虽然玩手机的现象还有，但是比之前好多了。其实老师多和学生沟通交流比家长和他沟通交流更有效，但是也得说到学生的心窝里。然后，我跟家长沟通交流，让他们多陪陪孩子，多带他出去看看风景，旅旅游，多到书店看看书。

阳江市特殊教育学校魏振腾：第一，为孩子寻找手机替代物。家长充分挖掘孩子的兴趣爱好（通常学生的爱好不会只有玩手机一个，比如还可以引导学生去打篮球、游泳、旅游、登山等），通过转移兴趣的方式，为孩子找到可以替代玩手机的事情。第二，与孩子共同建立“手机契约”。玩手机，或者说上网，是一把“双刃剑”，我们可以在平等、尊重的基础上采纳孩子的意见，表达家长和老师对待玩手机的看法，包括控制上网的内容、时间等，正确看待孩子玩手机的现象。第三，为孩子营造一个良好的交友环境。所谓“近朱者赤，近墨者黑”。这一阶段孩子的重要他人是他的同伴，因此同伴教育、同伴环境对孩子的健康成长至关重要。第四，加强理想信念教育。教师和家长帮助孩子找到自己的人生目标，做好生涯规划，积极引导孩子为了实现人生目标而努力奋斗。

湛江市第八小学钟佩银：我一个朋友的孩子就是中考前玩游戏，后来孩子的爸爸用一个月的时间，硬是把她拉了回来，最终她考上了当地的一中！后来我请教了这位爸爸，他简单地跟我说了一下他“拯救”孩子的过程。

（1）沟通。这个人不一定是父母或者老师，最好是孩子信任的人。

（2）登门槛。最初，她的爸爸给她立不太难的近期目标，如从彻夜玩手机到保证按时上课，回来可以玩手机；又过了一段时间，她的爸爸给她提出了新的目标，如玩手机多久，保证按时睡觉和做作业。慢慢地，步步为营。

（3）亲情陪伴，走进去，带出来。家长也要尝试与孩子玩游戏，走进孩子认可的世界，与孩子建立一种信任的关系，然后把孩子从中带出来！

（4）亲子契约。家长和孩子共同制定目标，达成家庭美好愿景。这一目标必须基于孩子愿意、喜欢、渴望等方面。没有动力的目标，激发不了孩子进取的欲望。

东莞市长安镇东安小学黄秋玲：既然孩子愿意帮忙做家务，说明孩子挺有孝心。父母可以陪着孩子一起做家务，心平气和地和孩子沟通，做好家务后让孩子陪着一起出去走走，分散孩子的注意力；父母还可以让孩子陪着一起参与运动，如打乒乓球、羽毛球，或带孩子去看电影；等等。总之，父母尽量多花时间陪伴孩子，不要让孩子感觉空虚无聊。孩子有了自己的目标与理想后，父母要和孩子沟通，如怎样做才能实现目标和理想。既然中考已经考差了，孩子心里也有数，父母正好借此机会让孩子认识到人生转折点的挫折，让孩子知道在哪里跌倒从哪里爬起为时还不晚。当然，父母尽量不要在孩子面前玩手机，同时告诉孩子手机的功能很多，主要是用于人与人之间的沟通联系，所以要运用好，把握好度。

三、研讨总结

无数似曾相识的例子给了我们一个警告：不要轻易让自己的孩子沉迷于网络或者游戏，否则真的会一发不可收拾。毕竟要改变这种孩子，真的不是一朝一夕可以做到的。如果真的碰到这种孩子，我们需要付出足够的耐心来陪伴和引导。

四、专家视角

专家1：中学生手机成瘾已经成为当今教育普遍存在的问题，追溯本源有其主观和客观的原因。面对每一个相同的又不一样的个体，家长和老师应该好好沟通，深入了解孩子们的内心，了解其手机成瘾的原因，做出有针对性的干预。比如：学校方面适当地向文化方向引导，开展丰富的校园文化活动，提出适当的学业要求，加强监管，促使孩子将更多的时间和精力放在学习上；同时家长方面要以身作则，发挥榜样的作用，营造良好的家庭氛围，帮助孩子培养健康的兴趣爱好，以求能更好地解决问题。

专家2：孩子沉迷手机一直是家长十分苦恼的问题，因为手机导致的亲子冲突甚至极端案例屡见不鲜。处理孩子沉迷手机问题，是个综合工程，建议家长把握好“三度”：

（1）确定手机使用的尺度。家长选一个孩子情绪平静的时间，召开家庭会议，共同制定手机使用的规则；务必让孩子参与制定，并达成共识。这个规则不仅适用孩子，也适用全家，并且家长要带头执行，做到“其身正，不令而行”。此外，家长在制定规则时，方式要循序渐进，态度要温和而坚定。

（2）拓宽手机使用的向度。家长多跟孩子分享好的公众号、有趣有用的学习资源、手机拍摄的好照片，向孩子请教手机的各种强大功能，等等，向孩子有意识地传递“手机是一个强大的辅助学习、生活的工具”，潜移默化地消解孩子的“手机=玩（游戏）”的单一线性思维模式，将孩子对手机的认识与使用拓展到更多向度。

（3）保证亲子关系的温度。家庭关系的和谐、亲子关系的亲密，是使孩子愿意向家长敞开心扉、诸事愿与家长合作的关键与基础。因此，家长平时要重视亲子关系的建设，其核心就是要让孩子感受到家长的爱，“亲其师，信其道”的道理同样适用于亲子之间。

专家1简介

刘　丽，女，甘肃省平凉市第十中学教师，主持的甘肃省平凉市教育科学规划课题“核心素养背景下初中生网瘾干预的实践研究”被评为优秀课题。

专家2简介

阳海华，深圳市第一职业技术学校教师，全国优秀教师，全国优秀中小学德育工作者，广东省中小学名班主任，广东省名班主任工作室主持人。

本期研讨主持人及文档整理人：佛山市三水区华侨中学　胡碧华

第17期 科任老师投诉学生上课不认真，怎么办？

一、典型案例

孩子们上班主任的课很乖，但是上其他科任老师的课却原形毕露，淘气不已。六年级的他们让班主任经常收到科任老师的投诉：孩子们上课太多话了，上你们班的课很吃力。班主任道理讲过，主题班会开过，但是科任老师的投诉声还是不断，怎么办？

二、一线碰撞

1. 现状及原因分析

广东省佛山市西樵太平中学蓝彩凤：为什么学生都会怕班主任？我觉得最主要的原因是学生认为班主任可以随时联系到家长，可以“投诉”他们。

佛山市三水区乐平镇范湖小学马思怡：除了学生比较怕班主任的原因外，这个也跟科任老师的个人教学风格和管班能力息息相关。此外，班级的班风及孩子的行为习惯、学习态度都会影响科任老师上课的状态和对孩子的看法。

广东省佛山市南海翰林实验学校李敏：学生为什么会光听班主任的话？因为班主任管理工作事无巨细，样样经手。他们的心中装着每一个学生，什么时候做好需要表扬，怎么表扬，谁做错，用什么方式纠正他，这些统统印在班主任的脑海里，办起事来跟包公似的，该罚罚该奖奖。久而久之，学生潜意识里就对这样的老师形成了一种像家人一样的依赖，觉得跟着这位老师有安全感；或者有另一种情况——班主任太严，严到学生很怕他，而在学科老师面前玩耍，那简直就是一种解脱的方式。

广东省普宁陈宝文学校郭旭娜：作为一个新手班主任，我自己带班有个小小的感受，就是如果大部分中学生在其他的科任老师面前有些收不住的行为，有一小部分原因是来自本班班主任的带班风格，即偏民主，好说话，不是特别严厉，所以其实学生本质上是不怕班主任。正如有老师所说的，可能班主任手上有武器——家长的联系方式，所以学生实际上只是有点怕班主任跟家长"告状"。还有一部分原因就是这群比较闹的学生有些小聪明，对于班主任之外的老师在疯狂试探。

高州市源头第一中心小学欧品：个人认为出现这样的情况与科任教师的管理与教学魅力有关，应该从科任教师方面寻找解决之道。有些老师无论教哪班纪律都差，有些老师无论教哪班纪律都好。当然，学校的整体风气与班主任的管理也有一定的影响。

2. 措施及办法

（1）巡堂驻班，树立科任威信。

河南省荥阳市龙门实验学校黑江丽：听过唐炯武校长的讲座之后，我就采用了驻班的策略。驻班既可以加强对学生的管理，也可以提高自己的工作效率。学生知道班主任在教室坐着，课堂上就会收敛很多。班主任也要以多种形式在学生中树立科任老师的威信，如表扬老师努力工作，老师的学历和学位也是孩子们所仰慕的。我曾专门找了一些和物理知识有关的数学题当着孩子们的面咨询物理老师，也曾拿着我们家孩子的英语作业让英语老师讲解。

广州市番禺区钟村锦绣小学麦颖贤：在上其他老师的课时，班主任多在班级走廊巡查，以起到警示的作用，久而久之，学生就会觉得班主任可能随时出现在旁边。

（2）关系引领，优化教学，提升魅力。

广东省佛山市西樵太平中学蓝彩凤：首先，科任老师要利用好第一印象这个效应，精心准备开学第一课。在第一次上课时，科任老师在立好上课规则的同时要充分展示本学科的有趣性、实用性及重要性，让学生喜欢上这门学科，喜欢自己。做好了这一步，后面就好办很多。因为现在孩子察言观色的能力太强了，所以我觉得第一印象最重要。其次，科任老师在平时上课时或是课后要了解或关心学生的现状，或跟他们聊聊他们感兴趣的话题，让他们觉得老师关心他们，而且有很多他们不曾了解的知识。不要唯成绩论，多表扬学习态度端正的同学，这样他们更愿意接受我们。

江门市蓬江区丹灶小学张兰英：科任老师首先要从心态上把所教的班级都当成是自己的班级，不要批评的时候总是说你们班怎么样，要爱这个班级。平时科任老师要多留意学生的情况。教学魅力很重要，科任老师平时要加强备课，提高自身的素养。在课堂上避免枯燥地授课，科任老师可以适当地带学生玩些小游戏，或者与学生聊聊人生。

广东省佛山市南海翰林实验学校李敏：“亲其师，信其道。”这句话是很有道理的。其实我就看到过不少能很好驾驭几个班的老师，他们懂得倾听，愿意花时间走近学生。我也觉得这样做学生才会喜欢靠近老师。还有很重要的一点是要坚持，不要三天打鱼两天晒网，今天心情好，个个夸赞一番，明天却因一点小事觉得不需管那闲事，反正有班主任，多自己一个不多……时间长了，学生感觉这样的老师没有班主任那么有责任心，他们不想懂这样的老师，不需懂这样的老师。

广东省普宁陈宝文学校郭旭娜：最近我尝试对班级学生所出现的问题，特别是违纪的某件事情进行严肃处置，以此让学生明确班主任做事的原则，让学生清楚好说话并不代表什么场合都言论、行为自由，让学生知道违纪是要付出相应的代价的。作为一名科任老师的话，我觉得主要的问题在于对比较闹的同学的处理方式上。如果对一个孩子的违纪放任不管，就会衍生出一群想要跟着起哄的孩子。所以，科任老师要树立自己在这个班级的威信，然后让学生明确哪些是不应该去做的，也不要来挑战老师的权威。

河南省荥阳市龙门实验学校黑江丽：良好的师生关系是组织好课堂的基础。当然，组织教学也是课堂教学的一部分，任何外力的作用都不及内力，除了以上的策略还要让学生爱学习。课下，班主任老师和科任老师要多交流孩子的情况，让每一位老师都感到来上课是一种享受。

（3）制度管班，量化评价。

广东省佛山市西樵中学蓝彩凤：我觉得可以用积分管理制度。对于上课认真、积极回答问题、课后认真做作业的学生都可以加分；对于故意扰乱课堂纪律的学生进行扣分处理。每个星期进行统计，积分高的学生有奖励，积分低的学生就搞清洁（我发现现在的孩子都不喜欢搞清洁）。上一届实行积分制，我感觉还是有些效果的。

江门市蓬江区丹灶小学张兰英：第一，我觉得建立班规很重要，让班级的课堂纪律有法可依。不管是什么老师上课，凡是讲话的学生扣分都一样；不管是上什么课，回答问题的学生加分都一样。积分表上不是只加班主任科目的分数，各科目的分数都在上面。第二，星期一的奖也可以让科任老师来颁发，不一定是班主任。这样学生就会觉得科任老师也是有很大的权力的，从而产生敬畏之心。

广州市番禺区钟村锦绣小学麦颖贤：激励机制，即班主任与科任老师沟通，每节课选出表现优秀的学生，借助班会课对其进行表扬并适当奖励，将其作为榜样，引导其他学生向其学习。

（4）榜样引领，沟通至上。

佛山市萌茵实验学校张扬：遇到这种情况，我觉得可能是科任老师的威信、权威方面出了问题。我所带的班也出现过这样的情况，我的做法如下：①与科任老师沟通，安抚科任老师的情绪，以免对后期的教学与学习造成不良影响，造成恶性循环。②树立正面典型。我跟科任老师做好约定，每次上课时留意一下，看看每节课哪些学生做得比较好，可以由科任老师对其进行表扬；也可以汇报给班主任，让班主任在班级上树立正面典型。③将情况如实反馈给家长。像前面说的正面典型可以及时反馈给家长，让家长也能参与到表扬行为当中，以此看到孩子的亮点，从而让孩子更有荣誉感。

河南省荥阳市龙门实验学校黑江丽：善用科代表。我私下里和科代表谈话，让他明确科代表的责任不仅是收发作业、布置任务，还要带动班级的学习氛围，关注课堂情况，课下多检查、多提问。

广州市番禺区钟村锦绣小学麦颖贤：班主任发现有多次课堂违纪的学生，必须与家长进行沟通，通过家校合力减少学生课堂违纪行为。学生本来的自制力较差，外力制约与激发学生的主观能动性能真正解决他们的课堂违纪问题。

广东省珠海市第十一中学高巨：我现在所教的班级也出现了类似的问题，班主任的课他们相对乖一点，但是科任老师的课堂纪律较差。作为他们的副班主任，我们的做法是选择与家委进行沟通。其实很多家长不了解自己孩子在学校的表现，以为他们在学校很听话。我们目前正在制定奖励惩罚措施，我认为与家长沟通，让家长知道孩子在学校的表现，获得家长的支持后制定的措施应该会更有效果。

三、研讨总结

班主任与科任老师之间是一个向心圆，不管教育教学还是个人教学风格都存在较大的差异。我们都需要往同一个方向发力，用合作的双手一起立德树人，促进学生全面发展与全面提升核心素养。

四、专家视角

一个班集体的精神面貌，反映出班主任的工作能力和工作方法。但是科任老师上课，班主任不能去当警察。教书育人是《中华人民共和国教师法》赋予老师的神圣使命，也就是说，除了上好课，老师还要担负育人的责任。作为科任老师，不能动辄向班主任投诉。我认为老师在课堂上要做到以下几点：第一，建立奖罚分明的量化考核制度，以维护课堂纪律的严肃性；第二，加强业务钻研，用渊博的知识和个人魅力赢得学生的信赖和尊重，使学生佩服自己并爱上自己所任教的学科；第三，加强课堂教学的师生互动，使教学活动在自己的视线范围之内并按自己设计的节奏进行；第四，增强班级的凝聚力和学生的荣誉感。

专家简介

曹智琴，教育硕士，中学语文高级教师，珠海高新区德育教研员、区责任督学。南粤优秀教师，广东省“百千万人才培养工程”初中名班主任培养对象，广东省骨干教师培养对象，珠海市青年骨干教师，珠海市义务教育学业质量监测与评价骨干教师；珠海市“名师名家大讲堂”专家成员，珠海市社科联讲师团成员，珠海市教科研专家库及市劳动教育课程评委专家库，珠海市信息技术应用能力提升工程2.0培训专家库成员；云南怒江及珠海多个市名师工作室、名班主任工作室导师；首届珠海市名师工作室主持人，工作室期满考核获“优秀”等级。

曾获国家级赛课及论文评比一等奖，教育成果评比二等奖；近年来主持并结题省级以上课题2项，主持在研省级课题2项，作为第二作者与他人合著论文1部，在省级以上期刊发表论文多篇。曾选派参加省语文课标划定工作，到云南怒江、西藏林芝、云浮及阳江等地送教送课，接受珠海电台教育采访多次，负责的区级线上教育成果被澎湃新闻、南方+、珠海特区报等媒体报道。

本期研讨主持人及文档整理人：佛山市三水区乐平镇范湖小学　马思怡老师

第⑱期
偷做生意的学生，该如何“度”你？

一、典型案例

最近班上有个女生让我有点头痛。她因为偷宿舍同学的牛奶被同学举报，在我询问时，她不肯承认，还嫁祸于他人。在我的施压下，她承认她偷了牛奶并把牛奶贩卖给其他同学。就这件事，我给予了她严厉的批评教育，上到法律下到级组记过处理地跟她谈偷窃的危害性，还通过级组和她的父母来对她进行多方面的教育。然而，最近教官又发现她带回一整箱方便面，准备贩卖给其他同学。问其何故，她依然是遮遮掩掩，谎话张口就来。我该怎样“度”这个学生？

二、一线碰撞

1. 究其根源，找出需求

从心理学上来说，一个人的行为动机都源于需要。我们要找到该生的需要，才能知晓她行为的动机。

深圳市格致中学刘永要：我觉得这个孩子出现这样的问题，有几个点值得我们思考。首先，为什么学生要在宿舍经商？是家庭困难还是意在锻炼？我们要找出这背后的原因。其次，这个学生已经是明知故犯，这表明她没有意识到问题的严重性，而且不承认，关系到诚信的问题。最后，她还有偷盗的行为，性质有点不一样了。另外，我们也要看到，她在宿舍卖东西，竟然有同学买。这表明有市场呢。

所以，我觉得要解决这个学生的问题，可以从以下几个方面着手：

（1）沟通了解。班主任与学生深入沟通，争取听到她最真实的声音，了解背后的原因；和家长沟通，侧面了解她的成长环境和家长对此事的态度。

（2）让学生的注意力回到学习上。做买卖，多少会占用休息和学习的时间，因为总是要惦记着这个事。如何让她回归学习，是一个较大的课题。

（3）从外围解决。杜绝买卖，班主任告诉其他买东西的学生这当中的利弊，甚至可以让他们就此事展开讨论，听听他们的看法，以寻找解决的办法。

佛山市三水中学向子龙：不管什么原因，偷窃都必须惩罚，被偷的同学也很冤啊！当然，惩罚的方式掌握在班主任手上。如果班主任觉得还有救，知道的同学不多，未激起众怒，那么和风细雨、留有余地是可以的。偷东西来卖，也可能有某种心理问题，建议求助于心理医生。

笔者尝试从根源上找到她行为的动机，请她的父母来校协助教育。笔者了解到她在家里比较霸道、任性，因为家里孩子比较多，她总是要抢做最受惠的那个人。她的家庭经济条件不算很好，父母对她的经济提供得不算宽裕，而她最大的喜好就是看小说，甚至偷拿过父母的钱去买小说，还自己私底下去买过二手手机使用。父母对她的教育比较严苛，所以她渐渐学会了用撒谎和蛮横来逃脱一些惩罚。

2. 分清利弊，明示要害

长沙外国语学校周玲：班主任可以咨询法律顾问，找到家长和孩子一起探讨利弊关系，借助别的家长提出影响学风和班风施加压力。同时，班主任要安抚学生情绪及给予适合建议。学生在校贩卖零食其实法律上并没有禁止，只是校规不允许而已。让孩子乐于接受且不委屈还需要发挥语言的魅力。

佛山市三水华侨中学许莉芬：带东西回学校贩卖，只能说这种行为会影响她的学习，以及贩卖行为会影响其他学生，本质上并不违法。班主任可以跟她说明这种做法的利害关系，指出这是自私的行为——自己盈利了，却给其他同学带来不良影响。而把别人的牛奶偷来卖，这又是另外一回事，本质上已属违法，道德观念不正，班主任必须对其进行严厉的批评，并与家长共同教育。但无论是贩卖东西还是偷东西来卖，班主任都要先了解学生产生这种行为的原因，只有掌握最根本的原因，才能找到解决问题的办法。

笔者认为：“勿以恶小而为之，勿以善小而不为。”违反校规是小事，触犯法律是大事。作为教师，我们能及早发现并且纠正孩子行为和道德上的错误，这就是一种教育。

3. 转移注意，提升地位

笔者所带班级学生普遍比较淳朴，学习也比较勤奋刻苦，成绩相对来说还算不错。但是案例中的主人公，她个性强硬，喜欢表现自己，好耍小聪明，学习上不踏实，成绩起伏大，当班上出现比她更优秀的人时，她就会对其吹毛求疵。尤其在几次大考惨败后，她在班上越来越不受同学的欢迎，甚至有一些同学开始对她反感。笔者猜测她的这些行为可能也由其在班级地位的下降所致。

佛山市三水华侨中学翁慧文：这个女生的行为，我觉得可能有两个动机。一是想赚钱，可以让她在物质上得到满足；二是获得关注度，可以让她在心理上得到满足。正如上一位老师所说，法律并没有规定学生在学校里不能卖东西，所以她应该对校规很不认同，认错态度才这么差。不如班主任在班级活动中，给这个学生一点机会，让她发挥其经商才能，如在学校的“跳蚤市场”、运动会等活动中，用不违反校规的方法体现她的能力。

深圳市格致中学刘永要：没地位，班主任就帮助她建立地位吧。既然她想做买卖，那就给她创造做买卖的机会吧，班主任可以让她成为班级采购员，阳光“做生意”。

佛山市三水区西南中学陆颖霞：我感觉一个学生在班上觉得自己没有什么地位的时候，其实他已经有点自我放弃了，心里可能会想，“反正我就是这样的人你能拿我怎么样”。现在我的班上出现了一个平时比较爱表现、爱扰乱课堂纪律、不理别人感受、学习成绩差的学生，同学对他的行为非常反感。我是看在眼里的。我怕的是最后他变得在班上没有任何地位，同学们完全厌恶他，到那时，他肯定会做很多跟老师作对、违反班规的事情。有一次，他在宿舍犯错了，我就借此机会为他制订了“天使计划”，在全班面前宣布要用我们大家的力量帮助他改变。“天使计划”就是他帮助同学做一些力所能及的小事。我希望在这个过程中，他能够体会到乐于助人的快感，懂得“去传递爱你也会收获爱”的道理。我用一张A4纸记录同学们想要让他帮忙的事情，如装一次水、搬一次凳子、擦一次黑板等。他的性格比较乐观开朗，所以他很愿意去完成这些事情。清单上所有让他帮忙做的事情，他慢慢地都做完了。慢慢地，我感觉他性格好了很多，开始尊重别人的感受。

4. 走近她，做她的“贵人”

优秀的班主任都是孩子成长中的“贵人”。我们也曾年轻过，我们也曾犯过错误。俗话说：“很多的智慧，都是耗费青春的时光买来的。”“知错能改，善莫大焉。”

北外附校三水外国语学校唐芳萍：我建议班主任调查清楚情况。我这有一个案例：有个学生特别喜欢一样东西，可是他买不起，所以他想尽办法来筹钱，甚至采用了些极端的方式，最后被班主任发现了。班主任了解后，就说借钱给他，最后这个学生心存感激，认真学习。

深圳市格致中学刘永要：班主任从孩子成长的角度，聆听他们的想法，在让他们为自己成长遇到的过错承担相应的责任的同时，关注他们的陋习，帮助他们摆脱陋习。班主任如果真正想改变她，就要尝试走近她；如果仅仅是从班级管理的效果和方便的角度出发，那就很难改变。她不理你那一套，班主任只能来硬的，如见家长、停学、处分等，最终两败俱伤。

安徽省金寨县金城学校刘亚红：这种情况我还没有遇到过。如果是发生在我自己班级里，第一，我会了解她这样做的原因，而后根据不同原因采用不同的方法。第二，如果她确实喜欢做小生意，我就让她负责收集班级里的矿泉水瓶及同学的废稿纸等，然后卖给收废品的人（我们学校收垃圾的师傅也顺带收废品）。这样既可以满足她卖东西的心愿，又服务了班级，还在无形中培养了一个小“理财家”。我们班就让孩子们收集过矿泉水瓶，卖给收废品的师傅，这样既保证了室内卫生，还给班级“小金库”（用于给孩子们买奖品）增加了收入，一举两得。

佛山市三水区第三中学张佳望：1998年，我遇到过这样的一个女学生，她家庭条件不好，喜欢在宿舍偷东西，卖掉换钱。这种行为的产生是心理问题导致的。我先给她做心理辅导，找出她这样做的原因。对话开始，我没骂她，而是称赞她是“销售奇才”。她早已习惯老师、教官、家人、同学，甚至社会上他人对她的批评与冷眼，骂对她来说一点效果都没有。这可能是她人生中第一次听到老师的称赞，而且是做错事了老师居然还称赞她。她的心理防线全乱了。我记得，当时她一听到我对她的赞扬，马上眼睛发光、发亮，很乐意跟我交谈……过了几天，我利用周末邀请了我大学做贸易的同学来我家帮我，并邀请了这个学生及其家长来我家喝茶。通过我这位同学的指点，学生有所感悟。然后我按刘亚红老师说的方法，将全班的废纸、废物全交由这名个学生卖，满足她的销售欲望，转移她的注意力。利用课间，我也帮她辅导英语，努力提升她的学习成绩。现在这个女学生在深圳开了一家比较有影响力的贸易公司。有时候，我们仅仅靠谈心是解决不了根本问题的，只有给学生实实在在的帮助才有效。

三、研讨总结

就像史铁生说的：“难道我们不该对灵魂有了残疾的人，比对肢体有了残疾的人，给予更多的同情和爱吗？”看到这么多优秀的班主任提供的好点子，我也受益良多。孩子，我知道该如何去“度”你了！

四、专家视角

特别喜欢本文题目中的“度”字，从各位的出谋划策中，我最大的感受是了不得。对于案例中的孩子，我认为宽容是首要条件。宽容是一剂良药，学生是在每一次纠错中实现自我成长的。教育有效需要智慧，这种智慧是能够帮助学生在乱云飞渡中找到方向、在千锤百炼中百折不挠的。对于案例中的孩子，我们应以学生的认知规律、教育规律和心理学原理作为专业支撑，让“偷”和“卖”的行为得到根源性的引导。“独行快，众行远。”教育引导孩子，需要科任联动、家校合作。但是教育不是万能的，教育也是有边界的。我认为班主任一定要有大局意识和长远眼光，认清在知与行之间还会有问题行为的反复性与顽固性，班主任要做好积极的心理预设，在助人与自助中与学生成为成长的共同体。

专家简介

戴燕萍，女，珠海市香洲区拱北小学党支部书记、校长，2018年获教育部关心下一代工作委员会课题研究杰出贡献奖，2019年荣获珠海市教育教学成果一等奖，2020年荣获广东省教育教学成果一等奖，广东省级骨干教师培养对象，珠海市名师，珠海市先进教育工作者，珠海市教育局家庭教育研究会秘书长、讲师，珠海市名班主任顾问，珠海市香洲区中小学教师培训专家。

本期研讨主持人及文档整理人：阿娟老师

第七章

学生早恋问题

第⑲期 如何处理学生早恋问题?

一、典型案例

河南省荥阳市龙门实验学校黑江丽：学生进入初中后，慢慢步入青春期，随着第二性征的发育和性心理的发展，加之社会因素的影响，早恋现象在中学校园日趋突出。然而，这一阶段的学生应该以学业为重。因此，帮助学生正确认识早恋问题，应该是班主任老师的一个德育工作重点。我们该怎样引导孩子们理性对待早恋问题呢?

二、一线碰撞

中山市东升镇旭日初级中学刘美燕：说实话，步入初中后，进入青春期，谁的青春不会有点小萌动，谁的青春就是一汪平静的湖水呢?面对学生青春萌动的问题，我也从最开始的紧张不安，到如今的坦然接受。

随着现代社会的发展，孩子无论是生理还是心理都越发早熟，很多孩子从小学就开始对异性产生好感，甚至从小学五六年级开始“谈恋爱”，这样的情况我也接触过不少。遇到学生早恋的问题，我们应该先分析原因，再找合适的方法解决，千万不要遮着掩着，那样反而不好。以下为我上个学期处理两个学生早恋问题的方法，欢迎批评指正。

(1)当我听到或者说觉察到班上这一对同学在早恋的时候，其实这段恋情几乎已是公开化的。当时我做的第一件事情是找男生、女生比较要好的同学了解情况，为我分别找这两名学生聊天打下基础。

（2）我先找女生聊。其实她过来的时候，应该能想到我是为什么找她聊。所以，我先舒缓女生的情绪，告诉她这种事情是很正常的，谁都会有七情六欲，老师在初中的时候也会有这样的想法，只不过每个人处理和表达的方式不一样。然后，我问女生跟男生恋爱的原因、发展程度，和女生一起分析如果继续恋爱下去会有哪些结果，帮她厘清思路。我告诉她，老师不可能一两句话就拆散你们，但是你们要想清楚这样谈下去的结果，这样的结果你是否能接受得了、承受得起，每个人都要为自己的选择负责。隔了几天，我又找男生聊，我的话就说得更重一些，目的在于让男生成为一个对自己负责、对他人负责的人。

（3）在接下来的这一周班会课上，我做了一个“我们一起谈恋爱”的主题班会，让学生一起谈论，一起来说说恋爱这件事，正确引导学生面对自己的青春萌动。同时，我找了一节课，专门对女生进行“女生教育”，教育她们要自尊、自强、自爱。

其实青春期的早恋不过是孩子的青春萌动，他们可能因为家庭缺少关心，或者因为好奇等原因才会在一起。我们老师应该帮助他们正确认识这种行为，引导他们做出正确的选择，这样就可以了。

佛山市三水区乐平镇范湖小学马思怡：我从大家的研讨中学到了很多。异性交往现在往早推移了，虽然江丽老师的话题是初中，但是担任六年级班主任的我在上个学期末也遇到了棘手的男女间交往的偏差行为。起因是班中一个学生在他们私建的班级群对某女孩表白，不久之后两个人经常相约晚上出来喝奶茶等。

（1）参照527教育公众号里面的《0.49米的距离》异性交往主题班会课件，再结合疫情，我开展了关于“异性交往的1米距离”的主题班会。在这节班会课上，我重点给同学们讲了异性相吸的原理，以及如何尊重差异，互促互长。

（2）利用大课间的时间，我分别给男生女生开座谈会。在女生的座谈会上，我给我班的女生讲述了自己曾经有点疯狂但最终停止堕落的青春，接着我做了三件事：①播放了电影《简・爱》的片段，让女生知道爱需要尊严；②展示我敬佩的一个事业有成的闺蜜的朋友圈并讲述她的奋斗史、抉择史，让女生知道格局和眼光的重要性；③我带领女生一起朗读舒婷的《致橡树》。在男生的座谈会上，我只强调了男生的责任感，并告诉他们，我是我们班女生的第二个妈妈，要想追我的女儿们，要看他们是否符合条件，告诉男生达到我的要求、征得我的同意才可以，引导男生知道只有变得更优秀才可以拥有更好的机会。

（3）在私下详聊时，我秉着既不反对他不提倡的原则与两个当事人聊天，以过来人身份希望他们专注目前最重要的事情，特别是要注意边界感。我表示如果对两人成绩的影响大，那要考虑与家长协商解决。后来，我还是在两个人不知情的情况下向家长反馈了情况并希望他们不要声张，要默默观察。现在两人看起来好像没在一起了，但是学习上还是有互助。

广东省化州市石湾学校李映霞：早恋是青春期学生最敏感的话题。其实很多学生根本不明白什么是“恋”，什么是“爱”，他们只是相互之间存在一点好感、青春萌动而已。我召开专门的班会课，告诉学生关于早恋的几件事。

（1）没有面包的爱情，就像建立在沙滩上的建筑一样，海水一冲就全没了。

（2）无论他（她）多么优秀，跟你没半毛钱关系，因为如果你不足够优秀，（他）她看不上你；如果你足够优秀，你还犯得着去追求（他）她吗？所以，你当下的主要任务是让自己变得更优秀。

（3）青少年身心还不成熟，对所谓的“恋爱”只是一种好奇。

（4）现在的你还没有足够的能力担负起另一个人的幸福（爱她就要给她幸福）。

（5）恋爱会耽误学习，双毁前程。

佛山市萌茵实验学校张扬：其实我觉得这种早恋情况真的很难处理，小学六年级的学生就产生了早恋的萌芽。我跟他们（她们）讲女孩子要做一朵花，含蓄一点，爱情的小花朵不要开放得太早，越早开越容易败；男孩子更要含蓄点，喜欢异性是正常的，但是不要打扰别人，把这份喜欢封存，看看三年后、六年后是否还有这样的喜欢，如果到那时还有的话，再好好追求也不迟。

河南省荥阳市龙门实验学校黑江丽：我原来对早恋现象是漠视的一种状态，一是因为自己好多年不当班主任，二是总觉得学生到了一定的年龄对异性产生好感是正常的。但是有一天我发现了学生的聊天记录，尺度很大，我才觉得学生的爱情观需要引导。但是，爱情这东西对于成年人来说也不能完全把控，那么我该怎样和学生谈爱情?

今年，我任八年级的班主任，从学生的言语中发现了班级中有恋爱现象，是两个很乖巧的孩子。男生成绩不好，但很帅气，爱笑，勤劳，很有人缘。女生白白净净，很文静，不怎么说话。最近几天，在学生的言论中，他们出现的频率很高，甚至在上课时间也有学生大声建议老师提问他（她）。两个学生的家长也发现了他们的变化，向我求证。

当务之急就是在春暖花开的季节和学生谈谈“恋爱”。主题班会应运而生。首先，我肯定了学生的“恋”，有爱慕的对象或者被人爱慕是一件幸福的事情。其次，“恋”是有原则的，既不能影响自己，也不能给对方带来困扰。再次，学生要在彼此的爱慕中共同进步。我还给他们讲述了“学霸情侣”的故事，让学生也都说一说自己心目中那个他（她）是什么样的，自己怎样做才能成为那个他（她）。最后，我让学生看看窗外满树的花，每种树的花期不同，但是开的最早的往往不能结果，告诉学生不能让自己过早开花。另外，我还用“棉花糖实验”告诉学生，会掌控自己情绪的人更容易成功。

广州市番禺区钟村锦绣小学麦颖贤：作为新生代的老师，我认为“恋爱”是人生的必修课，它教会我们怎么去爱人，怎么去珍惜。老师对这个问题不应该躲躲闪闪，而应该引导学生正确面对。同龄学生互相有好感是很正常的，他们的心智也比以前同龄的我们成熟得多，我们一味引导他们等以后有成就才谈恋爱，他们也未必会听从。

我们不如试着换个角色，成为他们的朋友，跟他们聊聊心底想法，不一定要劝导他们不要早恋，但要提醒他们选择的后果需要他们自己承担。对于已知早恋的学生，不要贸然告诉家长，我们要密切关注他们的心理状况、学习成绩。我们也可以借助他们某次考试的失利，趁机告诉他们早恋的影响，让他们重新调整自己。

对全班同学进行性教育，告诉男生女生都要保护好自己。

广东省佛山市三水区下东鲁小学陈雁妍：有感于江丽老师抛出来的“学生早恋”话题，认真思考了几天，我真的觉得棘手。其实无论是持“早恋无害”

论的老师，还是视早恋猛于虎的老师，处理这类问题常常处于理解与担心的矛盾纠结中。

也许我们对陷入青春期情感问题的学生都尝试过以下方法。

（1）各种道理齐上阵。青苹果说、般配说、劝说等待、先优秀自己……

（2）各方压力齐施加。上报学校、告知家长、班会讨论……

（3）各种方式表关心。指导学习、假意淡化、闲聊亲近……

对班主任而言，就管理来说，学生的外部行为比内部情感重要；就教育来说，学生的内部情感比外部行为重要。然而，学生的早恋问题绝不是单一出现的，它有可能与亲子关系紧张、师生关系僵化、群体中缺乏尊重与爱等问题相伴而生。因而，我们在帮扶学生时，要先分析原因，再寻找对策。

以下应对策略可以参考。

（1）以平常心待之，以谨慎心重视。

（2）无论其他学生是否知道，处理细节都要保密。

（3）了解学生恋情发展的程度。

（4）告诉家长，若家长通达，可与之商议对策；若家长专制，即重在言明厉害，取得家长理性的支持。

（5）情感问题还是要用情感来解决，建立良好的师生关系，共情陪伴。

（6）防胜于治，宜疏不宜堵，将班级文化的建设、良好人际关系的引导作为班级建设之初的重头戏。

（7）必要时联系心理老师，进行心理评估及干预，防止意外事件发生。

我们要善于在探索中反思，在反思中学习，在学习中实践。只要肯想办法，我们在帮助学生成长的同时，定能收获专业能力的提升。

三、专家视角

春生万物生。春暖花开的季节，一切都是美好的。青少年学生阳光、可爱、有活力。他们努力生长，自然会遇到青春的心理萌动。作为班主任，我们应该正确引导，让青春期的学生正确、理智地对待恋爱问题。在这样一个春暖花开的季节，我们借一首诗，和学生谈谈“恋爱”吧！

不，不要说

汪国真

不，不要说
让我们依然保持沉默
我多么珍惜
这天真的羞涩
你也应保持那青春的活泼
我们的肩膀
都还稚嫩
扛不起太多的责任
等一等吧
等你的肩膀更厚实些
我也懂得了
什么是成熟的思索

专家简介

梁蓬光，男，佛山市顺德均安文田中学德育主任，从事中小学德育管理二十多年，佛山市德育工作先进工作者、佛山市青少年毒品预防教育讲师。

本期研讨主持人及文档整理人：河南省荥阳市龙门实验学校　黑江丽

第 ⑳ 期
早恋？早练？校恋？
——关于校园恋爱的讨论

一、典型案例

佛山市三水区第三中学张佳望：优秀的孩子都有明确的学习目标，都有一套适合自己的学习方法，都有良好的学习习惯，都有自己的学习计划……

山西省阳泉十中李玉柱：遇上优秀学生早恋很头疼，学生还无奈表示，我们伪装得可好了，但怎么还是被你发现了呢？

佛山市南海中学分校吴鲁耿：诚然，校园恋爱频频发生，“孩子早恋怎么办”的疑惑萦绕师者心中，挥之不去。面对校园恋爱，家长责骂，老师监督，倾尽心力隔离两人，纵使隔开两人之身，那两颗渴望的心灵呢？人心难易，到头来，苦煞孩子，伤透自身，可谓“杀敌一千，自伤八百”，收效甚微。

二、一线碰撞

1. 早恋之说

佛山市南海中学分校吴鲁耿：我以为，若不能了解早恋含义，一切探讨皆成空谈，然而细细翻查资料，权威解释不多，我不敢偏颇造次，逐与同行商榷。

从狭义而言，早恋，按字面意思来理解，就是过早的恋爱。根据受教育阶段判断是否早恋，一般认为在大学阶段以前的恋爱都属于所谓“早恋”。从广义而言，早恋并非一个正式和专业的词语，只在中国内地被广泛使用，也没有正式的标准来界定是否早恋。青少年由于正常生理和心理发展造成的对异性的爱慕被归为“早恋”。

我对此解释深感不科学。什么叫恋爱呢？严格来说，是男女双方都向对方告白，才能称为恋爱。

如果没有过告白行为，恋爱便不能成立，不是恋爱就更不能称为早恋。加之用受教育阶段来判断是否早恋，实在不合适。国外把这个阶段的恋爱，称为“puppy love”，恰如其分，小猫小狗的爱情。

深圳市坪山中学钟高斌：早恋，60后、70后老师说能理解，时代所限嘛；80后、90后老师在说，不应该。早恋只是孩子们成长过程中提前出现的情感问题而已，他们迟早都需要面对。

佛山市顺德区莘村中学梁凤萍：早恋严格意义上不能叫早恋，只是发现了有种东西叫爱情，然后去恋爱而已，是一件很正常的事。

廉江市第三中学刘常镇：从来没有什么早恋，早恋只是特殊的时代、特殊的社会、一味只注重升学率的学校一同捏造出来的谎言。

佛山市南海中学分校吴鲁耿：是啊，“早恋”终究带有长辈一方（父母、老师）的否定性感情色彩。然而有研究表明，在中学阶段没有产生过感情的人很少，或暗恋、单恋，或少数互有好感且相互告白成了校恋。

笔者以为，或者我们老师应该用一种新的眼光去理解“早恋”一词，莫要蜷缩在传统长辈与应试教育中去扼杀或禁止校园恋爱。

2. 区分早恋与早练

佛山市南海中学分校吴鲁耿：中国青年政治学院某位老师提出“早恋＝早练”，也有教育学家和青少年家长认为早恋是青少年对男女关系的探索和练习，以为将来的恋爱与婚姻做准备。

佛山市三水区第三中学张佳望：恋爱既然是人生的必修课，那自当有必要的练习，因为孩子“爱”的能力不是一蹴而就的，需要不断学习、培养和

自我提升。

青少年教育专家认为，早恋应该是早练。恋爱和练习，这存在很大的区别。早恋只不过是一种朦胧的感觉，来去匆匆。但青春期的孩子急需关于“这种感觉”的练习，也需要父母与老师的引导。父母与老师需要开诚布公地和孩子分享这种感觉。

早恋≈早练，似乎更合理些，毕竟天性使然。孩子们在所谓的恋爱过程中会逐渐体验到，这种感觉很正常，是青春期应该有且可以有的自然现象，很美好、很纯真。如果我们加之引导——“我们不能在最美好的年华把最重要的学业丢了”是不是更如同南风暖人，而非北风刺骨？

3. 校恋更佳吗

佛山市南海中学分校吴鲁耿：有人戏称，当一个人知道恋的时候，就不算早了。既然严格意义上的早恋并不存在，早恋从身心发展角度出发似乎也难成立，那么，回归本源，它既然发生于校园，且产生告白行为，从中有朦胧的感觉，那么称之为“校恋”也无可厚非。

关于校园恋爱的探讨从未停止，参与讨论的老师似乎超脱年龄界限，呈现出更加理性的观点，不再是似是而非、一就是一的态度了，并非简单的支持、反对早恋，而是提升到另一个高度。那么，老师们如何看待反对早恋？

阳江市第一中学陈伟明：早恋这个词或许值得商榷。但是中学阶段该不该恋应当有个相对公允的认识。为什么反对早恋几乎是世界共识？

湛江一中培才学校王德军：这是因为基于身心伤害，什么时候做什么事是常识，个体合适不代表大家都适合。《乌合之众》中有这样一个观点：群体会降低个体智商。

佛山市顺德区莘村中学梁凤萍：为了防止出现早恋现象，学校和家长应结成统一战线。学校负责正面战场，对早恋学生进行告诫与处分，积极宣扬“早恋有害”；父母负责敌后战场，关注孩子以获得情报，从后方摧毁顽固势力。

佛山市南海中学分校吴鲁耿：我也想从学校基层管理者的层面谈谈为何学校会禁止早恋。我常会在校园内偶遇鸳鸯对对，可见校园恋爱几近泛滥。学校

苦于屡禁不止。基于孩子们本性的逐渐觉醒，他们有了试尝危险禁果的冲动，我们也是多方协同，禁止校园恋爱，遗憾效果甚微。恰如飞蛾扑火，纵使短暂而璀璨，学生也义无反顾。

诚然，任何中学在没有配备科学的适当的性教育的情况下，不倡导校园恋爱甚至严禁恋爱的做法无可厚非。虽然这是一种本末倒置的做法。

这件事从源头上来说，真正应该转变思维的是学校和家长，毕竟我们有责任为处在青春期的孩子提供性教育，却没有权力干涉他们心中正常的感情悸动。

然而关于“性”的探讨，在中学的教育过程中容易缺失。可是爱情这东西看不见摸不着，要出现的问题可是一个都不会少。性教育的现状一时半会无法改变，怎么办呢？那就禁止学生早恋吧，简单粗暴而有效。当然，我们也在努力做出改变，学校部分老师自愿进修心理学B证，也有少数老师在“性学指导者”的角色上屡有建树，相信这是一个全新的开始。

正如阳江市第一中学陈伟明老师所言，中学阶段出现爱情的萌芽是正常的，我们不能反对，更不能禁止，因为有违人性。不反对不禁止，不代表赞同与倡导。因为这时候的情感是朦胧的，学生心智还未成熟，无法承担责任，我们应当引导学生正确面对这种感情，呵护这份感情，把它放在心中好好培育，不要在还应栽培的时候，就移到室外去接受风吹雨打，否则，过早开的花一般结不了果。

有人一言道破了早恋的真谛：“从我的角度看来，支持早恋是对爱的一种接纳与尊重。早恋是一种朦胧的、单纯的、相互的爱慕和欣赏而已，它油然而生，非常纯洁。”

如果学生能在欣赏与倾慕的过程中，慢慢发现原来自己想要的和对方能给的根本不一样，往往就难以开花结果。既然强扭不是，何不静待花开。如此，岂不美哉？

4. 校园恋爱怎么办

无论什么年纪，为了恋爱而恋爱，或为了不恋爱而不恋爱，都是一件悲哀的事。一旦校园恋爱产生了，我们遇上了，作为新时代的老师的我们该如何是

好？且听一线教师的说法。

佛山市三水区第三中学张佳望：

（1）对于优秀的学生早恋，我从不骂，也不反对，如果对方也相当优秀，我会赞他很有眼光。只有这样，学生才会信任老师，有了信任，学生才会什么都跟老师说，老师才可能把他们逐步引入正轨。如果他们彼此真的相爱，就一起努力学习，一起迈入更高的学习殿堂。

（2）如果他们相差较多，我会笑着明说“你什么眼光？”我会想办法取得孩子的信任，明恋比暗恋好处理，好引导。

（3）另外，举办“520表白活动”，关上门，拉上窗帘，让想表白的同学得以表白，让隐藏更深的问题得以暴露，就算当事人不说话，别的同学的声音和眼神也会真实地告诉我。知道“炸弹”在哪里了，就不危险了。

佛山市顺德区莘村中学梁凤萍：太早谈恋爱一般有两种结果。你要是有上进心，迟早会嫌弃对方；要是对方有上进心，迟早会踹了你。正确的做法是现在，你应该为将来能够娶或嫁给对方而好好努力奋斗。你喜欢的人肯定很优秀，所以将来肯定会有很多人追，而你要做的就是把别人都比下去，好好努力让自己优秀一点，再优秀一点。一辈子很长，眼光放远一点，你要给得了对方幸福，而不是以后天天捧着粥说爱。时间长了，无论是从社会的趋势，还是人性的角度来说，中学谈恋爱都是不会长久的。为了对方努力吧，“两情若是久长时，又岂在朝朝暮暮”。

佛山市南海中学分校吴鲁耿：我心目中关于校园恋爱的最优解是，尊重学生恋爱的权利+进行适当的性教育+倡导正确的感情观、价值观。在这几年的班主任工作中，我看过太多的遗憾，爱情偶尔就像强心剂，会让两个人的成绩在短时间精进一下，但昙花一现是必然的，因为孩子们始终情绪不稳定、心智不成熟，最终很难在学业上有好的结果。更可怕的是，当年向全世界宣战一般的感情斗志，却基本在高三上学期灰飞烟灭，让人倍感没劲。

爱情，对于高中生，就像一件太过昂贵的奢侈品，给不起，也要不起。我也深知无法劝说热恋中的双方分手，但我依旧放手一搏。我往往从女方突破，如果说恋爱中的女生都是“零智商”的，这点倒是很好利用上了。

我从不责怪女生，也不棒打鸳鸯。我会谈男生的优点，谈男生配不配得上她，告知她恋爱也不应当占用所有的时间，该学习学习，该努力努力，现在有人陪她刷题，一起上课，是很美好的事情，有什么理由不为对方努力呢？等取得学生足够的信任后，我就告诉学生偷吃禁果的危害，告诉女生一定要注意分寸，什么可做什么不可做，尤其要保护好自己，继而引导学生慢慢形成正确的爱情观与价值观：就像学习一样，不怕早恋，怕的是心里没数，分不清轻重缓急。想恋爱，就要先长大，别再把自己当小孩，为自己思考未来的，为自己做决定。

深圳市坪山中学钟高斌：我把非暴力沟通与正面管教相结合，教会学生谈恋爱，不鼓励也不强烈反对，平时与学生谈如何找对象，怎么谈恋爱，怎么照顾女生，怎么尊重包容他人。

阳江市第一职业技术学校郑丽丹：我疏导学生的情感，希望学生能把这份美好的感情收藏于心，把它当作一股上进的动力。我以过来人的身份，用体验与经历与学生分享，打开学生心扉。

山西省阳泉十中李玉柱：我班第一名谈恋爱，我就采取不表态、不处理、不告知家长，静观事态变化再采取措施的方式。中考后我跟她长聊了一个多小时，就学生时期恋爱开诚布公地聊，她心悦诚服，非常感激，说，如果中考备考期间我反复提并告知她的家长，估计她连高中也考不上。

阳江市第一中学陈伟明：认同。以下是我的教育案例。

高三第二学期，眼见就是尽头，但是不少学生“死在明天晚上，看不到后天的太阳”。不少人认为，第二学期越发接近高考，学生应该会更自觉地学习，不需要老师怎么操心。实则不然，越是临近战场，人就越发煎熬，胜负未明的时刻分外折磨人的内心。这个学期，班中陆续出现学生玩手机、公开谈恋爱等现象。这很好地说明，在高考前的紧张时刻，他们太需要宣泄内心的焦虑了。当学习上进展不如意时，学生可能就会转移注意力，甚至走上歪路。我始终坚持严慈并济的原则，坚持平等对话的前提，让每个学生都有陈述自己理由的机会。合理部分，该肯定、该同情、该理解的就一定要替他发声；但错是主要的，就要改正，就要受到应有的惩罚，绝不能因为有那么一点合理就罔顾纲纪。这一学期刚开学，有个学生玩手机被扣了80分。但我坚持对话，该爱就爱，该恨就恨，绝不戴有色眼镜看待他们，结果，他也就只有那段时间犯错，很快一切恢复正常。谈恋爱由暗转明，班中出现了好几对，我也私下做工作，能自我收敛的，见好就收，依然我行我素的，立马约见家长，但绝不采取“堵”的方式，而且大家一起分析问题，要求控制表达感情的方式，让学生分清目前孰轻孰重，充分运用“疏”的技巧引导学生投入学习。总之，班主任要多一份同理心，多一份淡定与从容，只有这样，很多事情看似令人烦心，实则无碍。

深圳市格致中学刘永要：上述诸位老师的观点皆有异曲同工之妙，都是理解学生、宽容学生，不反对，不禁止，不粗暴，也不提倡。学生在高中阶段还是要努力学习，让自己在更高的层次遇到更好的另一半。班主任面对早恋要做好引导，不管是对已经恋还是没有恋的学生。

关于早恋，感情是相互扶持，跟年龄无关，但如果能在对的时间遇上对的人，更加美好。

三、专家视角

网络特别发达的当今，在繁重的课业压力下，现代中学生校园恋爱现象越来越普遍。然而，我们关注更多的是孩子们“恋”，却未关注或者教育孩子们“学会选择”。我们应该知道，在恋爱的问题上，如果会选择、慎选择，也许会避免很多草率行为的发生，缺乏理性思考的性行为就更不会发生。而家庭中关于恋爱观、择偶观教育的缺失和不足，更使得孩子们“率性而为”“跟着感觉走”，不会对自己未来“另一半”的选择做出科学、理性的评判。我们要通过各类形式多样的活动，揭开“择偶”的神秘面纱，让学生审视和检查自己的择偶观，正确对待自己的选择，谨慎“谈情”，三思“说爱”。

专家简介

李春燕，女，广东省化州市新安中学初中语文高级教师、全国“百姓学习之星”、广东省中小学“百千万人才培养工程”初中名班主任培养对象、茂名市中小学名班主任工作室主持人、茂名市“最美教师”、茂名市三八红旗手、茂名市教育学会初中语文学科教学专业委员会理事、化州市中小学德育联盟李春燕工作室主持人。

本期研讨主持人及文档整理人：佛山市南海中学分校　吴鲁耿

第八章

班级管理问题

第21期 班上学生总说不喜欢某个老师，怎么办？

一、典型案例

深圳市格致中学刘永要：班上某学生总是缠着班主任说不喜欢某个老师，还说其他同学也不喜欢这个老师，只是没找班主任说而已，并且他们这门学科的成绩确实因为不喜欢这个老师而有所影响，有的学生还严重偏科。

请问，如果你是班主任，你会怎么帮助这些学生呢？

二、一线碰撞

1. 师生“顺性”沟通，巧设“连心桥”

佛山市陈村南涌小学潘小阳：

（1）班主任得与这些孩子先聊聊，看看他们评价这位老师是否带有浓厚的个人感情色彩。因为十几岁的孩子似懂非懂，他们极其希望得到别人的关注，会不会是他们在某件事、某句话上与这位老师意见不符，因一时未谈妥而让裂缝越来越大？若如此，班主任可以借机修复，扮演中间调解员的角色。

（2）班主任也可以尝试多与这位老师一起聊聊孩子们，看看从这位老师的角度出发，这些孩子又是怎样的，哪里很好，哪些地方需要改进，让科任老师发现孩子们的可爱之处。

（3）互相支持，互相勉励。在孩子面前，班主任可以经常故意或装作不经意地透露这位科任老师对他们的赞赏和建议；同时多把学生的一些需求与建议与科任老师分享，最好是从自己的孩子或身边的类似经历说起，让科任老师能有所反思。

（4）班主任可以开展班级活动，让学生与科任老师互动多起来，拉近彼此之间的距离，找到对方的优点和闪光点。班主任需要不断地左右协调。这边与科任老师协调好，是否能改变一下做事方式和方法等以适应学生；那边得反复劝导学生勿再倔强，以学业为重，体谅老师的良苦用心，进而发愤图强。

如何处理学生与科任老师的关系，其实也关系到班级合力与向心力的核心问题。班主任也可注意反观一下自己平常是否在这些细节方面下功夫。

那么如何能让学生多尊重科任老师呢？班主任得经常在学生面前从细小的事情说起，大力塑造科任老师的光辉形象。使学生感受到爱，他们就会更加信任、佩服科任老师。

当他们知道我们每一位老师都在用自己不同的方式去爱他们的时候，当他们能够更深入体会到老师们的良苦用心时，矛盾自然就会少点，隔阂就会少点，融洽就会多点。

学生被老师影响而严重偏科，我想是有一段时间了，所以班主任也不要想着一下子就能把所有的问题解决掉，过程中可能有其他计策或存在变数。

广东省清远市阳山南阳中学邓智方：我认为可以用小我问题化解班集体大问题。毕竟从上面信息可知，这个学生是班集体的“小灵通”“小喇叭”之类的人物，应该人缘不错，能力也不差。班主任可以先从化解这个学生的问题入手。一开始应表示完全理解他现在的感受，但不认可任由这种感受支配学习行为，让他不妨主动从多角度去了解这位他不喜欢的老师，如调查暗访都可以，但应注重引导此学生去发现这位老师的某些方面的优点，也可以劝其主动和这位老师坦白自己的感受。同时，班主任可以不断暗示该学生，学习才是其来校的目标，而不是纠结他人的好与不好。有时改变不了环境，可以试着改变自己的心态，换一个角度考虑问题。宽容他人，也是宽容自己。化解此同学的问题后，这个“小喇叭”慢慢就会在班级上发挥其正能量了。必要时，还可以由此同学主持一次结合自我经历的相关主题班会，班会可以穿插师生关系的小品，引发同学共鸣，使其自我内化问题。这样就能达到用小我问题化解班集体大问题的效果。

东莞市长安镇东安中学李佳蓉：首先，我会对孩子说，能够成为师生一定是彼此之间最大的缘分，我们要学会珍惜，暂时的不适应并不是不喜欢，我也很高兴他们信任我，能够及时告诉我这些，我会经常和他们说这位老师背后为他们做的点滴以及对他们的表扬。其次，我也会找一个合适的时间和这位科任老师聊聊，先倾听他对我们班孩子的看法，特别是对此学生的看法。最后，我再和这位老师说学生对他课上的一些意见，问问有没有需要我帮忙的地方。之后我会时不时向学生传递老师为这个学科所做的努力，毕竟好的关系胜过好的教育！

广东省开平市教伦中学陈金雁：之前我带的班也出现过这种情况，班上很多学生都不喜欢数学老师，总是抱怨数学老师教得不好，学生的成绩也很差。首先，我们要做好学生的思想工作，不能在学生的面前否定这位数学老师的努力，更不能在学生的面前说这位老师的不足之处，尽量跟学生讲这位老师的优点，让学生能够重新认可他。其次，我们也要从学生的角度，做好学生的思想工作，教会学生包容别人，并尽量使学生适应老师的教学方法，不要带有抵触的情绪，这样对学生的学习是非常不利的。吃亏的也肯定是学生。最后，我会跟这位老师加强沟通，了解一下他对这个班学生的看法。

2. 师师“坦诚”反馈，延伸“连心桥”

重庆市育才中学许珮歆：我认为应可以从两方面着手。

班主任应该请这位科任老师喝喝茶或者吃个饭，聊一聊与孩子们相处的时光，从侧面谈一谈自己与孩子们相处愉快的小窍门，并告诉科任老师，孩子们其实很喜欢他，很在乎他，只是不知道如何表达，感情是可以培养的。班主任再跟孩子们私下谈一谈科任老师为他们做过一些什么，付出过一些什么，然后以科任老师的名义为孩子们买一些小零食、一些奖品等，经常对他们说科任老师是怎么表扬他们的，点到个别人名，从小范围到大范围，逐步缓解关系。

班主任还可以从家长着手，让家长理解“亲其师，信其道”的道理，并告诉家长科任老师表扬了他的孩子的哪个闪光点，让家长理解，要想提高孩子成绩，就要教会孩子接纳不同，看到别人的闪光点，潜移默化地影响孩子。

广东省佛山市三水区下东鲁小学陈雁妍：

（1）细调查。我会了解该生不喜欢老师的原因，私下会找班上其他学生谈心，收集大家对该老师的评价和大家对这门学科的困惑。

（2）讲故事。我会利用名人故事，告诉学生，也许我们不能选择教我们的老师，但我们可以选择通往成功的路径，激励他们学一门，爱一门，钻一门。

（3）树榜样。我会收集关于这位老师的教育故事和教学成绩，让学生从侧面了解这位老师，引导大家发掘该老师的闪光点，激发大家对该老师的崇拜之情。

（4）巧沟通。我鼓励学生以书信形式与该老师沟通，让他们先表达感恩之情，再交流提高成绩的对策；教学生关心老师的一些表达方式，如为老师泡一杯花茶、写一张问候的留言条等。作为班主任，我还要起到“润滑剂”的作用，帮孩子们传达对老师的敬爱，也以该老师的名义时常鼓励孩子们，特别是“某孩子”，对其多表达欣赏。

（5）齐行动。全班都行动起来，以最好的精神面貌来上该老师的课，配合该老师的教学。情感是相互的，当老师感受到大家的爱与尊重时，他也一定会想方设法帮助学生把这门学科学好。

3. 师生“化解矛盾”，架起“连心桥”

广东省东莞市大岭山嘉晖学校林世根：如果我是班主任的话，我会从以下几个方面着手。第一，我会和学生进行沟通，了解他们对这位老师的评价、以及不喜欢这位老师的最主要的原因；第二，留心观察这位老师在课堂教学时学生的表现，找出学生讨厌这位老师的行为表现；第三，总结原因后，与这位老师进行沟通并后期在班级里面开展师生交流会，来缓解师生之间的矛盾；第四，和这位科任老师沟通，使其调整自己的教学策略，与学生多沟通，打好良好的关系基础。以上是我个人的见解。

广东省中山市神湾中学黄建勋：班主任要感谢学生说出真话，并接纳他的情绪和想法，这种现象非常普遍。老师要因材施教，学生也要主动适应不同风格的老师。班主任要让学生学会适应，并且用积极心态应对困难，发动班干部和组长协助老师维持秩序。当然，班主任也要去听听这位老师的课，给他提点意见，这位老师也有需要成长的地方。如果老师不肯改变，就只能教育学生适应，在这个过程中，班主任要理解学生的感受。

广东省清远市第二中学关艳芳：班主任先通过班干部团队小范围听取学生对这个老师的意见，整理大范围意见后再开展会议，将这些意见分为正面的肯定和需要改进的地方，通过部分学生代表跟这位老师面谈沟通今后的教学意见，让老师的教学更适应班级的需要。

世界上有一种情，超越了亲情、友情，那就是师生之间无微不至的关怀之情和学生对老师的敬仰、感恩之情！“投我以木桃，报之以琼瑶。”其结果皆是“永以为好也”。让我们用投桃报李之心来善待生活，那所有的问题就都迎刃而解了。

三、专家视角

1. 凡事预则立，不预则废

班主任把孩子的每件事都当成重要的事。该孩子爱表达，敞心扉，可见班主任的魅力。但如何科学处理孩子的“心声”，这就需要班主任用慧眼仔细观察，追寻根源，做到充分调查、充分准备。

2. 爱而知其恶，憎而知其善

爱一个人和恨一个人都不失去原则和公允，这样能更好地了解别人的优缺点，从而一视同仁地对待每个人。班主任调查了解清楚缘由后，可一分为二，帮助孩子树立正确的三观，分清究竟不喜欢是主观因素还是客观因素。班主任可引导学生找出该学科老师的三个优点，需有具体事例；再找出不喜欢该老师的具体事例。如此，真相就在眼前。

3. 善学者，师逸而功倍，又从而庸之；不善学者，师勤而功半，又从而怨之

这句话的意思是会学习的人，能使教师费力不大而效果好，并能感激教师；不会学习的人，虽然教师很辛苦但收效甚微，还要埋怨教师。班主任可以借助名篇名言和名人拜师故事，如程门立雪、张良拾鞋等，引导学生。

4. 随风潜入夜，润物细无声

教育是一场温暖的修行，是用善良唤醒善良。班主任与科任老师需用静待花开的心态，用爱与温暖、以细水长流之恒熏陶孩子、影响孩子，如细节化的表扬、触动心灵的帮助等。只要走进孩子的心，就会产生“光合作用”。

专家简介

戴燕萍，女，珠海市香洲区拱北小学党支部书记、校长。2018年获教育部关心下一代工作委员会课题研究杰出贡献奖，2019年荣获珠海市教育教学成果一等奖，2020年荣获广东省教育教学成果一等奖，广东省级骨干教师培养对象，珠海市名师，珠海市先进教育工作者，珠海市教育局家庭教育研究会秘书长、讲师，珠海市名班主任顾问，珠海市香洲区中小学教师培训专家。

专题整理：云南省楚雄开发区永安小学　张海琼

专题校对：佛山市三水区实验小学　黄诗梅

第22期 班级实行轮值班干制，好吗?

一、典型案例

三水区西南中学卢皓岚：我现在是初一年级的班主任，对目前的班干部队伍不太满意，指导过几次，但感觉效果不太明显，也想挖掘一下其他同学，看看是否有更合适的班干部人选。所以想请问一下群里的老师们，是否有试过全班同学轮值做班干部?具体做法是怎么样的?效果如何?如果没有轮值，培养班干部有没有什么妙招?

二、一线碰撞

1. 赞同全班轮值或采用过全班轮值效果良好

广东省佛山市三水区西南街道北江小学陆韵妍：我之前没有尝试过班干部轮值，但听了陈锦颜老师分享的班干部轮值改变了没有班级荣誉感的学生的案例之后，一度想尝试。但今年刚好教一年级，学生第一学期还处于习惯养成期，我想着等学生长大一些了就实践一下。毕竟，这样会极大地调动学生参加班级活动的热情。

广东省英德市第一中学王玲艳：我教高中，当班主任时有过让全班同学轮值班干的经验。按学号来轮，每人一天，有一本班级事务记录册，记录当天班级学生出勤、纪律等违纪情况，早读汇报给班主任处理。轮值班干每天早读前在黑板上写一句名人名言来激励同学努力学习，也作为班级文化建设。这样，实际上也增强了班级同学的集体荣誉感和责任心。另外，班级有常设班长和纪律委员长，负责班级的日常事务。

安徽省宿州砀山县杨庙小学徐云芳：我原来当初中班主任，主要班干部一到两人值月，其他委员轮流值日，一月一换的两个班干部负责指导检查和日常事务，效果很好。德才兼备的学生可以在值日中表现出来，作为下一个月值月人选。委员流动，主干保稳，培养全体，精选有才能之人，既培养英才，又锻炼全体，还有竞争机制，学生人人都有表现的机会。值月带动值日，三年下来，培养孩子可是大见成效，我的班级不需要我管理。我带的都是留守的孩子，我的经验可能对于城市的孩子不一定适用，老师可以结合自己班级实际情况调整。我们需要在教学时候多留意每个孩子的情况，甚至在家里的情况，教学有苦更有乐！

张家界市永定区合作桥乡中心完小周艳：我采用的是值日班长轮流指定制，每天设值日班长，由常务总班长全盘协助。今天的班长指定明天的班长，要求指定异性，不重复，以做到人人能当，并且师徒结对绑定，今天的班长必须指导并负责好明天值日班长的事务，以免有人第一次上岗难以胜任。如此，提升所有学生的积极性和成就感。学生管理什么要目标明确，有事可做，不是流于形式。比如，学习委员就是要关注教与学两方面，收作业就是工作，但也要了解学生作业情况，及时告诉老师班级作业存在的问题，这既是和老师交流的机会，也培养了学生的交流能力。老师动脑出主意，随时调整工作关注点，和学生打成一片。

2. 不赞同全班轮值或采用过全班轮值效果欠佳

河南省鹤壁市致远中学杜晓寅：轮流做班干部我尝试过，班级里学生管理能力参差不齐，效果不好。但是有个好处就是我可以发现每个学生的特点，后来固定10人做值日班长，5男5女，定期培训，效果还可以。目前是小组推荐一名学生做值日班长（做得好的有奖励），也是有成效的。关键需要看班级的整体学生情况，以及后期培训的情况，因材施教。

佛山市三水区乐平中学汪婷婷：我去年带初一，尝试过每个人负责一个事务一周，每一项事务大家轮流做，但是缺少评价机制，所以效果不明显。

佛山市南海区南海中学彭吴桃：我曾经让全班同学轮流做值日班长，效果不明显。

河南省周口市闫庄小学何秀丽：我带的六年级，3个月前出现了类似情况。我先观察了一段时间，选定了3个班长，分别安排了不同的工作，试用期两周，根据工作分工的完成情况决定是否选用。我觉得全班轮值过于盲目，有的孩子没有组织能力和做班干部的魄力，因此全班轮值不利于班级纪律的稳定。

广东省惠州市第三中学欧秀丽：我一直都坚信每个孩子都有自己的天赋，但我没有试过全班学生轮流做班干部，而是把班上的事务细化，让班上每个学生都有一个岗位，做到“人人有岗位，事事有人做”；同时挑出综合素质比较高的班干部，组成班干部常委（5人），使他们成为班主任的得力助手。这样既让全班同学参与班级管理，又有重要干部掌舵，做到“重点论”与“两点论”的统一。

3. 关于值日的其他做法

（1）小组值周制。

佛山市顺德区陈村镇初级中学廖锦婉：我试过小组值周制，一个小组6个人，小组长为值周班长，5个组员为值日班长，小组长每天带一个组员值日。个别责任意识差或本身纪律差的不参加；平常反复违纪，站到台上不管纪律，还要撩同学讲话的个别学生不参加。我也是试了一轮下来发现效果一般，然后从中选出5男5女做固定管理。

佛山市三水区乐平中学汪婷婷：我班今年升上初二后改用小组合作，固定3个值日班长，把事务分配给每个小组，由小组长管理自己小组的每一项事务，让小组轮流完成班级日常工作，做的不达标的下次重做，做得好的可以休息一周或者调整到其他比较轻松的岗位；然后把评分表画在黑板上，让每个学生都能动态地看到自己小组的情况。现在晚修纪律、教室卫生、早读情况都大有改变，学生的自觉性提高了很多。收益最大的就是卫生方面再也不用我督促了。

佛山市三水区西南中学卢皓岚：请问一下，班级日常事务除了卫生、自习晚修和早读以外，还有什么吗？一个小组多少人比较合适呢？

佛山市三水区乐平中学汪婷婷：这三样主要是需要学生的自觉性，学生要在没有老师的情况下完成，所以我主要就是关注这几项。一个小组4～6。我培养班干部的话就是平时看他怎么做的，做得好的就不说了，做得不好的就告诉他正确方法，但首先还是要选出能做事的学生。

（2）集中得力班干部轮值制。

佛山市南海区南海中学孙钦强：我曾经采取过一个折中的办法，就是所有班干部轮值管理班级，后来发现有些班干部本身态度不好或者不敢管，导致效果不好，所以就在全部班干部中挑选了有魄力的3个人轮值，把握大局，班风就好了一些。

化州市第九中学陈伟锋：我没试过，因为学生素质参差不齐。我采取小组长+常务班干的方法。

佛山市三水区西南中心小学杜杰仪：我们中心小学是班长轮值制，一天两个值日班长，让班长整理队伍、带出操、带早读、喊上课等。管理班级，我感觉全班轮值不靠谱。

（3）注重班干培养，打造值日团队。

安徽省砀山果园场学校郭莹莹：我是一名小学三年级的班主任，班内也曾出现过卢老师所说的现象，但是并没有实行轮值的方法。一开始班内只有一个班长，班长也很有能力。后因为班长任务太重，我又增加了4名同学做班长（从学习、性格方面挑选）。一开始确实有些不满意，也是换了又换。后来经过不断的指导，孩子们也向大班长学习，每当他们管理不好班级时，我都会让他们反思原因，想想应该怎么做。经过不到一个学期的锻炼，现在孩子们的班级管理能力较好。我觉得应该给孩子们学习锻炼的时间，用心培育，静待花开。

贵州省关岭自治县第三中学郭清荣：①班主任首先相信班干部的管理能力；②经常召开班干部会议，加强班干部之间的团结合作；③强化班干部的示范作用；④指导班干部抓典型管理；⑤不让班干部闲着。

佛山市南海区南海中学孙钦强：我也觉得培养班干部挺重要，也想以后能不能班干培训程序化，如有课件支撑，等下一届试一试。培训可参考下面的形式。

班干部的培训课程（引自张玉石名班主任工作室公众号）

培训目标：即使是“阿斗”，也能扶起来！

培训形式：主题讲座、案例研讨、答疑解惑、经验分享等。

培训时间：视情况而定，可以每周一次。

培训地点：有多媒体的教室。

培训要求：班干部带笔记本和笔参加，课上写培训记录，课后写培训感想。

培训课程：至少8节，包括职责规范、人际交往、时间管理、执行力培养等主题，每课一个主题词。

可以借鉴别人的经验，课件要自己构建。

广东省惠州市第三中学欧秀丽：你这个设想太好了！期待你以后的分享。我是不定时在全班强调班干部承担责任的重要意义和要求；每个月对班长、副班长、各委员、科代表、组长进行集中指导；每周对5个班干部常委进行培训，采用民主沟通交流的方式，每人都总结班上情况（主要是自己分管的），提出班级存在的问题，探讨解决问题的方案方法，由班长负责记录，一般是周五放学后在教室进行，如果因事错过就在微信群进行，效果还不错。

4. 关于值日班干选拔的讨论

北京市昌平区南邵中学王浩楠：可以由全班学生投票推荐，这样的学生干部基础好，开展工作会容易点。

佛山市海南区南海中学孙钦强：我目前基本上也采取了这个办法。

广东省茂名市第五中学叶周华：我选3个有权威的人出来，由最有魄力的人担任正班长；接着让他们3个在班上挑人来组成团队，因为学生最了解学生，班主任再把下关，任期两周；最后成立监督委员会，两周后好的继续做，不好的撤职。

我现在是高二理科重点班的班主任，班里的学生没人想做班干部，日常纪律较好，教学实施方面总体来说比较顺利。但也有民意基础好但班干部工作做得不好的人，前几周我就撤了两个不太称职的纪律委员。我觉得无论什么好的方法都需要班主任不断调教、跟进。

广东实验中学许文钦：是的，因为在高中没人想管，可能学生班级荣誉感和责任感薄弱。我也强调了很多次，还是收效甚微，你们这个班应该比我们好一些。

广东省茂名市第五中学叶周华：我也试过根据民意选10人出来，由我定最主要的几位，其他按票多少先后选岗位，不想做的按票数替补上。一个班好坏，班长最重要。高中学生都不想做班干部，不是怕耽误学习时间，而是不想得罪人，我们班主任只能不定期找人更换。

佛山市南海区南海中学孙钦强：所以高中在成立班委会之前最好开一个主题班会，以“为什么我们需要做班干部”之类的主题激发学生动力，以便后续做好培训。

佛山市南海区南海中学彭吴桃：班干部可以先通过自荐、他荐初定人选；然后进行一个月的考察，这个考察有同学们的考察还有班主任的考察；最后定夺下来。班干部固定周几值班，记录当天的纪律、缺勤、课堂反馈，一周一向班长反馈班情，班长向全班汇报。

广东实验中学许文钦：如果整个班没有有权威的学生怎么办？

佛山市南海区南海中学彭吴桃：没有权威就培养权威，有威望但不读书的学生可以安排做体育委员，或者组织大型班团队活动。记得在《老师·好》影片中，秦鸣悦自荐当班干部，班主任直接否了，所以班主任要有自己的判断力。

广东省台山市赤溪镇中心学校彭文达：面对七年级的新学生，我选班干部比较有难度，因为初次相识，未了解学生的特点。我上一年就有过失败的经历，当时选了六年级当过班长的学生继续当班长，但这个班长很懒散、很高傲，还不听老师的话，多次教育没有改正。之后，我果断把他撤了。后来我还撤换过班干部，效果都不理想。自我感觉选班干部、培养班干部很关键，也很难，还没有很好的方法，但有些大忌要注意：①频繁换班干部；②急躁选班干部，尤其是班长；③选了班干部没有及时培养；④袒护班干部，不敢罚班干部。

民主主义要慎用，否则就像潘多拉魔盒被打开，什么牛鬼蛇神都出来了。选班干部，要民主也要有原则。班干部必须是班主任的助手，如果一个有号召力的学生跟班主任对着干，不良风气就刹不住了。班主任威信一定要有。

广东省阳江市阳东区东城镇东城学校曾宪甜：我带的是七年级，开学的时候用了两周时间让孩子准备班会课竞选班干部。七年级的孩子还算比较积极，有不少孩子上去竞选。我让孩子们投票，选好后告诉他们有一个月的实习期，一个月后正式颁发聘书。开始的时候，我带他们开了两次班委会，之后让他们自己每周固定开班委会，制定好表格，一周五天固定值日班干，各项事务分工到位，大家就不会推卸责任。

广东省茂名市第五中学叶周华：很好，有准备，有程序，有过渡期，还有聘书。

广东省阳江市阳东区东城镇东城学校曾宪甜：学生对聘书很期待，仪式感很重要。

甘肃省陇西县崇文中学陈继勤：我这学期带七年级（53人）。班干部（5人）由班主任先观察摸底，然后提名，全班学生举手表决；值日组长（5人）由班干部每人推荐一人，全班学生举手表决；学习组长（大组长4人）由班干部推荐，组内学生举手表决；小组长（4人一组）由组员推荐。班干部每周每人值日一天，负责监督、记录，每周由班长汇总在班会上通报，然后由班主任酌情向家长反馈。值日组长和当日值日生（可分工，由值日组长安排、细化）负责当日班级事务的管理，配合值日班干部做好记录。大小组长主要负责本组内学生的平时表现及配合值日组长。值日班干部做好本组学生情况的记录。学习委员和科代表负责作业的布置、收发和学习情况的反馈。

广东省惠州市第三中学欧秀丽：发班干部聘书这种仪式不错，下个学期我也试试。

选拔班干部，我用班主任指定、自我推荐、重要班干演讲竞选、民主投票等方式相结合来推选，而且会有一个月的试用期，以培养学生“能上能下”的良好心理状态。一般来说，刚接一个新的班级，我会在开学时根据自己的观察，暂时指定5个人负责班上事务，一个月后再组建班级管理团队。在第一个学期放假前，我会告诉学生下个学期会进行重要班干部竞选，让学生在寒假期间进行准备。第二学期开学第一周就进行班干部演讲竞选，让学生投票。班主任根据投票情况，结合科任老师的建议，第二周公布新班委。如果有个别学生暂时不能胜任主要班干部，而他的积极性很高，同学们也愿意给他一个机会，我就给他一个月试用期。在这个月内班主任多关注指导他，一个月后再让同学们投票决定他是否继续连任。如果他不能连任，班主任在公布结果前，必须先做好他的心理安抚工作，并且鼓励他继续努力，争取“东山再起”。在班上公布时再一次鼓励他，并且和他的家长进行沟通，让家长也多鼓励他。我班有个女孩子就是这样，最后她心服口服地“下台”，而且表现得越来越好，相信她下个学期能竞选成功。

三、研讨小结

班干部全班轮流制的优点就是可以充分调动学生的积极性和责任感，但是因为每个学生管理班级的能力和态度不一，所以对班主任把控大局的能力要求更高。轮值前，如果班主任开一两次主题班会进行岗前培训、说明责任、明确班规、出现问题如何处理等，效果可能更好。通过研讨，我们发现班主任在班级管理过程中采取全班轮值的并不多，大多是结合班级实际确定值日形式。同时，大家都认可班干部选拔和培训的重要性，班级管理核心力量的构建对于建设班级有着至关重要的作用。

四、专家视角

班级管理究竟要不要实行轮值班干制呢？常言道，教学有法，教无定法。班级管理也是同样道理，当面对的对象不同或者对象所处的时期不同，管理方法也不一样；或者教育者在同一时期、不同年龄段的学生中进行实验，管理办法也要因班、因人而异。教育者如果要推行一种新的管理方法，不妨抱着实验的心态去做。这样的话，教育者就可以在实验的过程中做出调整和改变，也允许实验的失败和方法的重塑。其实，参与轮值班干制实验的对象越多，在管理能力、协调能力等方面得到锻炼的人就越多。当然，这对班主任来说也是一种极大的挑战和锻炼。所以，这种做法是值得推广的。

专家简介

李芬爱，阳江市阳东区金湾学校校长，中学高级教师；第三批广东省名班主任工作室主持人，广东省家校共育讲师团讲师，阳江市家庭教育讲师团讲师；曾获特级教师、南粤优秀教师、广东省名班主任、广东省三八红旗手、广东省百名优秀德育教师、阳江市优秀共产党员、阳江市名班主任、阳江市三八红旗手等荣誉称号；先后主持4个省级、1个市级和1个区级课题，有3项德育成果获省一等奖；40多篇教育教学论文获各级奖励或发表；2021年出版个人专著《教育，请许给孩子一个美好的未来》。

本期研讨主持人及文档整理人：佛山市南海区南海中学　孙钦强

第㉓期
在班级管理中，您采用怎样的评价方式?

一、典型案例

评价是一根“指挥棒”，决定了学生的发展方向。评价的方式方法更是一门艺术，很多老师都有自己独特的评价方式来引导学生全面健康发展。各位老师，您在日常的教育教学中有什么有效的评价方式，或者对于班级管理有什么评价激励措施/制度呢?

二、一线碰撞

1. 评价方式都有哪些呢

深圳市格致中学刘永要：评价其实并没有那么复杂，每个班级也必定有属于自己班级的评价方式。我来说说永要班的评价方式：①不仅仅以成绩为评价标准，成绩很重要，但不是唯一；②评价围绕着班级建设主题和班级发展理念或者育人目标展开。我们想要培养什么样的人，就需要制定什么样的评价机制。

我的班级发展理念是“书香班级，奋进人生”。书香，很显然大家都懂。围绕着书香，我们会组织一系列的读书分享活动，如广泛阅读、摘抄经典语录、撰写读后感、分享读书心得。为此，我们会评选读书积极分子、摘抄达人、优秀读后感。奋进主要体现在积极的态度上，就是做事情是否积极。这体现在以下几个方面：①学习是否认真积极。我们可以设置学习优秀奖、进步奖等。②参与班级建设是否积极。学生是否积极承担班干工作，是否积极参与班级活动……这些都是我们评价的主要方面。③评价有个人评价，也有小组评价。因为是小组管理制度，所以，我们会依据评分细则，评选优胜小组，也会根据成绩评选成绩优秀小组，自然也会有进步小组。奖励可以有实物的奖品，也可以有挑位置的奖励，更有家委会请客的奖励。④评价奖励机制贵在坚持。在实行过程中，评价奖励机制可以根据实际情况不断完善和调整。但制定的过程，一定要有学生的参与，以让他们心悦诚服地去执行，否则，制度也不过是摆设而已。

佛山市三水实验中学陈美君：评价包括过程评价和结果评价。学校的文明班评比和各科目的大测试都只是一个结果的评价，怎样才能激励学生为了这个结果而去努力呢？我觉得过程评价就很重要。我自己在班级管理中采用了德育加扣分和学科学习相结合的方式，以小组为单位，按照小组得分高低的顺序来选位置，在上半学期还是挺有效的，但是慢慢地疲态就显现出来了。在这个过程里，我感觉最难的其实是这些结果出来了的后续操作，用什么样的奖励或惩罚方式才能更加行之有效呢？如果学生一而再再而三地被扣分了，需要用什么样的惩罚，让他记住，不再犯同样的错误？而奖励方面，个人觉得小学生相对容易满足，给个小红花、奖励颗糖，他们就可以高兴上一整天还念念不忘；对于中学生，很难有操作性较强的奖励真正促进他们行动起来。这方面还是值得我深思的。

河南省荥阳市龙门实验学校杨各：评价是对班级、小组、个人的评估，是后期班级管理工作开展的基础。关于班委（常务班委、科代表、小组组长）的评价，我的具体措施是全班同学举手表决给常务班委（值日班长等）、科代表的本周工作赋分，常务班委和科代表通过问卷调查的形式给小组组长赋分（职责积分），周一公布个人积分（由学习、记录、卫生、仪容仪表、职责和其他部分构成）。举手表决为班委赋分是一种评价，全班个人积分是一种评价，小组平均积分是一种评价。

实施办法：①根据积分每周选出15名学生奖励报喜单，3张报喜单兑换一张优秀学生卡（年级考试表彰也算），3张优秀学生卡兑换一张模范学生卡，3张模范学生卡兑换一张榜样学生卡。3张榜样学生卡可以获得班级代言人卡。②代言人的想法源于永要老师的“学长学姐来啦”，金蝉飞翼班源于焦光丽老师的班名，其目的在于引导学生站在20年后看自己的学生时代。按照考核体系，我计算了一下，3张榜样学生卡至少到下半年毕业时才能集齐。

广东省佛山市顺德区成美初级中学欧阳嘉镁：我在我们班级采用的主要是德育考核制度。由于我们班级成绩比较差，为了提高学生的积极性，我采用了综合的方式，学生可以通过各种方法进行加分，同样会进行扣分。目前这个机制不是很成熟，如果可以的话，群里的老师们也可以提一下意见。这个积分表有一部分参考了高顺杰老师的积分评比。我觉得我们班级这个德育考核，最大的优点是可以从各个方面提高学生的积极性，不单单是扣分，更让学生有“奔头”。不过我做得比较不好的一点就是奖惩制度没有落实好，上个学期每周都有奖惩，而这学期活动很多，还要结合小组加分，目前小组奖惩还在思考当中。

（1）学习积分（学习班长进行加扣分）。①背一篇必背文章或英语短文者加2分（人证）；②默写古诗词或提纲、英语单词20个或以上者，错误不超过3处，加2分（人证）；③上课举手回答正确者一次加2分（被点名的也算）；④刷题一页纸者加2分（红笔订正痕迹为黑笔痕迹二分之一及以上）；⑤小测默写拿满分者一次加2分；⑥表扬信签写满者加8分；⑦早读读书认真积极的3名同学加1分；⑧作业获得A或者优秀者加2分，小测比上次分数进步每3分加1分，或者排名全班进步1名加1分；⑨无故欠交某科作业者一次扣2分，能补回来的只扣1分，若是明知欠交作业仍不自觉在晚自习后留下来的，扣5分；⑩学习班长觉得可以加扣分的项目可向班主任申请后进行加扣分。备注：默写、听写的本子都必须用同一个，否则不加分，凡是发现以不正当手段加分的，取消当周评奖资格。

（2）纪律积分（当周纪律委员进行加扣分）。①唱国歌最响亮的3名同学加2分；②放学快速、安静整理者一次加2分（最快的3人）；③早晚6：40前到达教室自习的同学加2分；④违反晚自习纪律的，2分钟内扣1分，2~5分钟扣5分，5~10分钟扣10分，10分钟以上或是情节严重者，取消当周评奖资格；⑤做眼保健操、绳美操态度恶劣被记名者扣4分；⑥讲粗口、传播谣言者，一句粗口扣2分、一次谣言扣5分，谣言影响范围为全班级的取消当周评奖资格；⑦在班主任、老师、班干部、同学发言时故意讨论毫无关联的事情或者自习讲话者，一次扣2分，警告后不改扣5分；⑧导致班级文明班扣分者，文明班分数扣1分，个人分扣10分，以此类推；⑨在“第一本”上写下别人对自己的好，一件事情加1分；⑩升旗仪式迟到的扣积分，无故旷升旗仪式的按旷早读处理；⑪纪律委员觉得可以加扣分的项目可以向班主任申请后进行加扣分。

（3）体能积分（体育委员进行加扣分）。①集队最快的5人加1分；②跑操整齐、斗志昂扬的3排成员加2分（班干部监督加分）；③跑操口号最响亮的5人加2分（班干部监督加分）；④跑操结束后集队时最快排整齐的5人加2分；⑤集队时讲话者一次扣2分；⑥跑操时讲话、故意离开自己跑道去内道者，一次扣5分，旷跑操者扣5分；⑦自觉去跑圈者，一圈2分（有人证）；⑧俯卧撑20个加1分，深蹲30个加1分，跳绳50个加1分，不设上限；⑨体育委员觉得可以加扣分的项目可以向班主任申请后进行加扣分。

（4）卫生积分（劳动进行加扣分）。①卫生值日完成优秀者加2分，值日不干净导致班级文明班扣分者扣10分，无故不值日者扣5分；②主动协助班级完成清洁大扫除或日常清洁等任务者加5分；③座位区有污渍、垃圾者扣2分，有垃圾、桌椅不整齐导致文明班扣分者扣10分；④指甲、鞋子不整洁者一次扣2分（仪容仪表监督员进行扣分）；⑤宿舍清洁受到生活老师微信表扬者，宿舍值日生加3分，另外宿舍门牌加几分，当天值日生也加几分；⑥劳动班长觉得可以加扣分的项目可以向班主任申请后进行加扣分。

（5）职务加分。班干部一周加6分，语数英科代表一周加5分，政史地生科代表一周加4分，音体美信息科代表一周加3分，普通职务一周加3分。

广东省佛山市三水区西南街道金本小学孙智翔：我们学校推行“六美评价”（品美、雅美、博美、慧美、能美、健美）来评价学生的全面发展，同时使用班级优化大师的加减分进行辅助，每个学期根据综合得分为学生颁发奖牌和表扬信。所以平时在班级管理的时候我都直接通过班级优化大师的加减分去肯定或者提醒学生的行为，学生也会比较在意自己的得分情况。但一个学期的总评价感觉有点久，学生惰性比较大。结合班级实际情况，我根据加减分的情况进行了每周的总结，让排行榜前三和进步榜前三（都由系统自动统计）的学生在班会课上进行抽奖，学生的积极性提高了很多。每个人都会有惰性，尤其是心智发育尚未成熟的学生，如果我们将一个学期切分成几个阶段，做好阶段评价，适时总结，学生的惰性应该能得到较好的控制。

2. 奖惩有度，适时变化

广东省佛山市三水区西南街道北江小学陆韵妍：奖励方面，我补充一下。之前永要老师分享在永要班里实施的奖励措施，即考试进步或者优秀的，在家委会的带动和支持下，奖励实物或者带他们出去吃一顿好吃的，我觉得可以借鉴一下。选择自己喜欢的座位等的奖励措施也可以尝试一下。另外，评价方式是包含奖励和惩罚的，评价可以激发学生学习动机，可以引导学生改正不良行为……

佛山市三水区西南第四中学李小琪：之前有个班的奖惩是以小组积分算的，积分高的小组可以先选座位。如果是针对个人积分的奖惩，容易出现一直是固定的几个同学排在后面的情况，最后这几个同学容易自我放弃。但是，以选座位的方式作为奖惩，有个问题就是可能后期他们会不太在乎。我觉得奖惩是需要根据学生不同时期的需求去变化的。

浙江省杭州市富阳区东洲中学王倩倩：我们学校寝室考核占比很大，也比较严格，而现在的学生尤其是男生寝室卫生真是比较马虎。最近我们想到一个办法，已经试验3个星期了，就是连续一周不扣分的学生，周末免语文作业。我感觉效果不错，打算接下来陆续完善，如男生一个寝室扣分，就给这个寝室学生布置作业，其他学生不用做。

深圳市格致中学刘永要：关于惩罚，我提供一个案例。前两个星期，我们班有两个学生没有参加晨跑，被抓了。这是一个苗头，不能不理，否则就会产生破窗效应。于是我在升旗仪式后，留下了全班学生，说有问题需要解决——让上次没参加晨跑的学生自动自觉去补跑。我问学生们："他们要跑多少圈我们才肯放过他们？（正式跑操是两圈）"学生们七嘴八舌，提供了很多答案，有的说要跑5圈，有的说要跑8圈，有的说要跑10圈……一个比一个"狠"。我说："大家也不要那么狠，就让他们跑3圈得了。"于是被罚的学生心悦诚服，其他学生也欢欣雀跃。这里，我作为班主任表明了态度，即跑操不能不参加，不参加的都要付出代价。如此，学生都看到了不跑操的后果，被惩罚的学生也不会有什么意见，心甘情愿地接受惩罚。大家就在开心中参与了这样的惩罚过程。

三、专家视角

每位教师在进行教育教学的过程中都会有自己独特的评价方式。而这套评价方式，往往是渗透了班情和教师自身的班级理念的。然而，评价方式并不是一成不变的，它会在原有的基础上，随着学生的表现而适时发生改变。本案例中针对学生问题而产生的评价，又回归学生处，更有益于学生的成长教育。

专家简介

梁蓬光，男，佛山市顺德区均安镇文田初级中学德育主任，从事中小学德育管理二十多年，佛山市德育工作先进工作者、佛山市青少年毒品预防教育讲师。

本期研讨主持与人及档整理人：广东省佛山市三水区西南街道北江小学　陆韵妍

第㉔期
调整学生开学状态，我们来支着儿！

一、典型案例

佛山市三水华侨中学翁慧文：经过一个多月的寒暑假，开学时大多数学生多多少少都存在“假期综合征”，不免有些不适应，更有不少学生会焦虑不安、精神不振等。而班主任通常都会给放假归来的学生“熬鸡汤”，以期让学生克服“假期综合征”，尽快进入学习状态。您是如何调整学生开学状态的呢？

二、一线碰撞

1. 巧设“倒计时”

佛山市南海中学分校吴鲁耿：对于这个话题，我发现，高二下学期的学生，似乎已对长期的“鸡汤教育”，乃至“毒鸡汤教育”免疫。于是开学伊始，相对于常规的鸡汤案例、励志故事，我更钟情于“倒计时”法。实际操作是，按大事表将学期分阶段，进行加减法。以3月5日为例，罗列本学期大事，如距离学业水平报名仍有45天，距离期中考仍有68天，距离学业水平考试仍有92天，距离期末考试仍有130天。然后，我给学生做加减法，学业水平报名后，距离期中考仅剩23天；期中考后，距离学业水平考试仅有24天；学业水平考试后，距离期末考试仅剩32天。如此对学期“分期”，时间线就会变得清晰，学生也会逐渐增加压力，顺利从“假期综合征”中走出来，投入学习中。

佛山市顺德区乐从中学胡燕辉：我们可以在班里和家长微信群设置回校倒计时。

2. 动员家长

珠海市北大附属实验学校杨锐玲：我在开学前一周就陆续在班级微信群里发返校通知，制定寒假作业完成情况明细表，告诉孩子们开学第一天就要查验寒假作业情况，以此形成紧张氛围，让学生提前进入学习状态。

佛山市南海中学分校梁鹏程：对于开学让学生收心学习，作为一名普通班主任，我没有什么高大上的理论，也没有什么好的做法，有的仅仅是一些土办法，那就是勤奋，提前准备，在假期结束前就要忙碌起来。在学生群、家长群营造开学前的氛围，做法可以是建议家长抽出时间和孩子探讨新学期的目标（在非常轻松的氛围中探讨）；积极为孩子上学做准备工作，如交学费，购买学习用品、生活用品等；陪孩子吃顿饭、畅聊人生等。在这个过程中，家长渗透对孩子学业的重视和关心。个人觉得，要学生收心学习，教师和家长的助力不仅仅是嘴上说说，更应该是实实在在地做一些事情，让孩子看到、体会到。所以，在开学前，班主任发动一些学生提前一天回校搞一次课室大清洁、布置温馨的教室也是可以的。这样，等学生一回到学校，氛围自然就不一样了。接下来就是不断地肯定学生，这是学生特别需要的。这些肯定来自教师、家长、同学、年级，甚至学校。因为学生确实做得好，所以教师的肯定也真诚。当把学生们带到正确的方向上后，该做什么，他们自己明白，班主任就忙自己该忙的事情去吧！

佛山市南海区石门高级中学袁焕青：未雨绸缪，让学生提前进入角色，我也是这样做的。不能到了开学那一天才打鸡血，班主任在开学前几天就可以在微信家长群里和微信学生群里渲染气氛。这样，开学水到渠成，学生很快进入状态，班主任再表扬强化，形成良性循环。

包头市第三十六中学陈彩霞：我利用班级微信群传递正能量，同时指导家长帮助孩子进步。每天我会把上课的一些照片发到微信群里，有孩子上讲台领读词语的照片、小组合作后上台汇报的照片、升旗仪式的照片、早上锻炼的照片等，让家长及时了解孩子的状态；也有满分同学的听写内容的照片，让家长拿来和自己孩子的听写情况做对照，有利于查漏补缺；还有孩子们办的手抄报的照片及教师的点评的照片，让孩子们既有了展示的机会，又有了学习的机会。

3. 释放快乐

清远市清新三中樊想想：新学期开学，按照以往的经验来说，心灵鸡汤肯定是没有用的。所以，在开学初我做的不是压抑学生的热情，而是留了充分时间让学生对自己的假期做一个总结和告别。在第一周的班会中，我开展了“假期的快乐生活”活动，让每个学生把自己假期中的生活作息和发生在身边的有趣的事情在全班进行分享，通过分享，我们了解到大家的作息时间和不同的乡俗。

佛山市三水中学附属初中黄群芳：我不是一个擅长给学生“打鸡血”“煲鸡汤”的人，我会通过一些活动来触动学生。开学第一周，我认真组织了学生开展主题班会——猜灯谜、派礼品或红包，在感受中华传统文化的同时，调动学生的积极性。活动很成功，取得了不错的效果。接着，我组织学生积极参加年级举行的拔河比赛，从调动士气到研究策略，我都不放过。最终，我们班拔河场场赢，场面非常令人激动！另外，就在今天，我们有幸参加了探访启智学校的活动，取得了很好的效果。

珠海市北大附属实验学校杨锐玲：我会精心准备开学，给学生准备新年红包，每个红包里面装的是一个小纸条，纸条上写着鼓励学生的话；或是赦免一次惩罚；或是奖励和最喜欢的教师在餐厅共进晚餐；或是进步5名后，凭此券，可以让教师帮助实现一个小心愿；等等。学生收到后都很开心。

佛山市三水区三水实验小学黄诗梅：新学期伊始，我所带的班级也进入了第三个年头的下半年了，学生对我的做法（其实我会经常制造一些小惊喜）好像已经非常熟悉了。所以，我要搞搞新形式，让他们猜不透。

（1）分享祝福。刚刚过完新年，学生还沉浸在新年的气氛中，就要上学了，心中的愉悦急需释放。我给他们提供机会，让他们在家里准备好一个红包，用彩色卡纸剪成不同形状后，写上一句祝福语，带回学校。我也按往常的习惯，为每个学生准备了新年红包。今年的红包除了有小糖果（寓意甜蜜开心），占班级人数50%的不等额的纸币（从1角到10元不等），还加入一份

“福”（准备32个具有省不同区市特点的“福”字，为班会课做铺垫）。开学当天，我收齐孩子们自备的祝福红包，让学生互相抽取，互送祝福和快乐，再让学生抽取我的红包，传递我的祝福。

（2）感受中国味。学生抽到不同形态的“福”字，猜是什么地方。作为作业，孩子们回家和爸爸妈妈一起揭秘手中的“福”字。开学第二天，学生把关于自己的“福”字的故事带回学校。我通过班会课，让学生分享“福”字的寓意，带着学生走遍祖国的大江南北，游历不同的省区市。接着，孩子们互相交流寒假出游的故事。最后，我安排学生通过自己制作的PPT，展示丰富多彩的寒假生活。班会课上，既有浓浓的中国年味，又有异域风情，精彩纷呈。班中的漂流日记和周记里，满满地记录着学生的新体会。

4. 阅读“静心”

深圳市格致中学刘永要：我觉得阅读是最能够让学生收心的方式。所以，在学生开学回到学校自习的前三天，我没有打扰学生，也没有布置什么作业，只是让他们按照自己的节奏，静静地看书。有一名学生说，这三天他看了三本书，感觉“每看完一本书，那焦躁的心便平静一下”。班主任引领学生自主寻找属于自己心灵的宁静，学生才能由内而外地投入新学期的学习中。有时候我们要想想，收心，到底是学生自己要收心，还是我们老师要他们收心。

5. 培养好习惯，赢在起跑线上

清远市清新三中樊想想：首先，我让每名学生在自己的书桌上写上本学期的作息时间，以此告诉自己开学了；其次，我以班级为单位告诉大家这学期的学习目标是文化课成绩得到提升（因为我的班是美术班），这种提升从严格的早读制度开始；最后，我让学生自己做好个人的学习目标。通过这样的活动，我发现第一个星期没有发生学生迟到、不打扫卫生或者是不交作业的情况，而且上课基本都没有伏台，我觉得这个开始非常好！

佛山市三水区三水实验小学黄诗梅：收心立信。经过为期三天的释放，学生慢慢静下心来，回归学习生活。我又布置了新挑战，就是征集班干部参选意向，撰写竞选稿，参加第二周的班干部竞选。学生参与班级活动的激情再次被燃起。要想得到更多同学的支持，必须展现学习能力和为同学服务的积极性。学生一下子就把愉悦转变成认真，参与竞选的积极性在传递。在刚结束的竞选中，我退居二线，作为旁观者和摄影者，悄悄记录整个活动。他们自己布置板报背景，自己选主持，自己拉票唱票。最后，我才做权衡分配班干部的工作。学生满怀信心，迎接属于他们的新挑战。在班干部竞选的同时，班中的家委会报名、筛选和竞争上岗等一系列的事项也如火如荼地进行，家长们为孩子们也策划好了一学期的课外活动。双管齐下，共建共赢。

佛山市三水区大塘镇永平小学卢惠敏：看到诗梅老师的分享，我非常受益，好精彩的开学“礼”！在分享互动中，孩子打心底喜欢学校这片能展现他们的沃土。我也有同感，开学适应周学习容量不需要太饱满，但必须让孩子调整好，尤其是家长要配合督促。我们可以让学生重新学习班规和开展一些可以提高注意力的团体活动。另外，教师可以利用假期布置需要学生共同学习的内容，给全班学生分配任务共同完成，使学生不至于在假期中过于放纵。例如，让学生共读一本书，每天布置共同的阅读任务，并及时让学生分享读书心得，在班里选出小编辑整理成篇；或者让学生写短游记，分享摄影；等等。开学后班主任开展年味分享会，让学生有开学的欲望。

珠海市北大附属实验学校杨锐玲：开学第一个月我在班级营造竞争的学习氛围，让学生比一比每天谁早到教室，谁先安静学习，谁的作业更认真……每天公开表扬做得好的同学。目前来看，我班开学状态还不错。

包头市第三十六中学陈彩霞：新学期开始，为了让学生尽快进入学习状态，我不赶教学进度，以学生学习习惯的培养为主。比如，我选出读书姿势、写字姿势最好的学生，鼓励其他学生向他学习；表扬回答问题声音洪亮的同学；等等。因为学生的习惯逐渐好了，学习的积极性才能提高。

6.“学优生”“节目”“金句”来助力

佛山市顺德区乐从中学胡燕辉：学生得了“假期综合征”，是因为在假期过度放松、生物钟紊乱、目标意识淡薄。我会利用寒假一些学优生的学习事例来引导和教育学生。

佛山市三水华侨中学李妍华：开学的第一周，我效仿刘永要老师之前分享的在班会课上的做法，请了往届的师兄师姐回来给学生分享学习上的经验，给他们“打鸡血”，勉励他们努力向上。

佛山市三水区西南中学谭娟：开学第一天，正好有点空当儿，因为我本身是语文老师，我就给他们播放了央视的《经典咏流传》，我发现很多学生在假期还是很少看这类节目的。我的目的一方面是给他们熏陶，另一方面是鼓励他们多读点经典。假期其实是一个人积累的最佳时期。在班会课上，我准备了他们都很喜欢的奥运明星的励志故事，希望更多的人做梦想的行动派，以“一定会成功给你们看”的信念去挑战新的学期。当然，开学伊始，各项习惯依然要养成。班主任在开学时把工作做细一点，以后就会更加顺利一点。

佛山市三水区三水中学向子龙：我采取的是“拿来主义”，因为我真心觉得前年2月份湖北随州二中王桂兰校长在新年开学之际，给在校中学生上的那一堂课句句都是经典，这用来激励学生很不错。

（1）怕吃苦，苦一辈子；不怕苦，苦一阵子。

（2）叛逆和疯狂的青春当然可以，但几年的放纵，换来的可能就是一生的卑微！

（3）有个名人在“不吃苦，你要青春干吗”这场演讲中这样说道：“当你不去拼一份奖学金，不去过没试过的生活，整天挂着QQ，刷着微博，逛着淘宝，玩着网游，干着我80岁都能做的事，你要青春干吗？”

（4）有人也这样说：“读书虽然不能给我们带来更多的财富，但它可以给我们带来更多机会。”

三、研讨总结

看了这么多教师提供的好点子或案例，我认为作为班主任或科任教师，不能单纯检查假期作业或干巴巴地进行说教，而是需要让学生感受到在学校学习和生活的激情与快乐，这样才能让他们主动把心收回来，迎接新的挑战。

四、专家视角

良好的开端是成功的一半。在开学前后的一周，班主任要与家长一起，努力帮助孩子克服“假期综合征”，尽快让孩子走上学习的轨道，为整个学期的学习打下良好的基础。

1. 自我诊断，调整状态

班主任在开学前几天，除了要提醒家长提前调整孩子的生物钟之外，还要让家长与孩子进行情感交流，调整开学的心态。孩子有“假期综合征”，可能是因为假期过于轻松，或是担心开学后难以适应，抑或是对学习产生焦虑。家长可提前对孩子的心理状态进行引导和调整，同时，把情况反馈给班主任，以便班主任能够更好地掌握孩子的动态。

2. 适当运动，加强锻炼

除了在饮食、作息上做调整之外，班主任还可引导家长身体力行地与孩子进行适当的运动，使其提高精气神，调整精神面貌。

3. 适当加压，调动积极性

在开学第一课上，班主任可引导学生给自己本学期确立新目标，并制订相应的学习计划，班级内可分小组进行监督。同时，班主任应该明确班级的奖赏机制，充分调动学生学习的积极性。

4. 逐个攻破，以点带面

根据开学前家长给出的反馈，以及开学后对每个学生的观察，班主任可以通过个别聊天、特殊引导的方式，协同科任教师，提高个别学生开学后的学习兴趣，力求使其尽快投入学习。建立互相促进小组，设立组长，班主任要及时与组长进行沟通，了解每个学生的状态，利用小组带动个人进步。

专家简介

李丽华，女，汉族，广东省佛山市三水区西南街道北江小学教师，小学语文高级教师，佛山市优秀班主任，三水区优秀班主任，京山县优秀班主任、优秀共产党员、首届科研骨干教师、教育科研先进个人、教育科研先进工作者。

本期研讨主持人及文稿整理人：佛山市三水华侨中学　翁慧文

第㉕期
如何对待纪律意识淡薄的学优生？

一、典型案例

近期班上有两名学生，他们学习成绩优异，但容易自我满足、自我放松，认为只要能把成绩提上去，其他都是小事，包括没有及时完成作业、自习课玩手机、周末自习课想请假就请假、平时集会想不参加就不参加等。尽管班主任已和家长达成一致，试图形成家校教育合力以更好地教育学生，但不管是严厉的批评，还是温和的劝导，都难以改变他们的现状。

对于纪律意识淡薄的学优生，我们可以做点什么？

二、一线碰撞

1. 思想教育

化州市新安镇第一中学邱金有：我会对这类学生经常谈话提醒。例如，每次晚自习后我都问一下他们：今天学习怎样？有哪些收获？纪律怎样？或在自习、早晚读巡班时拍拍他们肩膀，来一句“要努力呀”之类鼓励性的话。

河源市啸仙中学陈思铭：我觉得成绩好的学生大部分都是自尊心较强的学生，当这样的学生出现纪律淡薄的情况，其主要原因还是缺乏沟通。学生自满才会自负，自负才会自以为是，找到学生情感缺陷的切入点很重要。沟通也要有所准备，对于成绩好的学生，沟通的质量一定要优于数量。

深圳市格致中学刘永要：说道理意义何在？可能没用，但教师说的目的就是想让学生无法狡辩。

湛江一中培才学校王德军：这两个孩子是有意为之，他们享受这种因为“特殊”带来的满足感。如果不是人格问题，那么从他们的需求——享受这种满足感的角度，可以想点办法。人的行为是内心想法的外化，是出于一种让自身受益的目的，那么，他们这么做的好处是什么呢？坚持这么做的利益驱动是什么？如果知道了，就能解决了。比如，出风头，让异性同学关注？享受教师找他的感觉？还是要耍酷？他们将自己定位成和别人不一样，实现身份性满足？还有，他们在家也是这样吗？如果是，那就是人格问题。

那么，在提醒学生或是批评学生时，我们一般要遵循哪些原则？北京教育音像报刊总社雷玲向我们推荐了源自《中国教育报》的一篇名为《好心更要说好话！》的文章。这篇文章向教师推荐了批评学生的五条最重要又最容易被忽视的原则——是批评而不是责备的原则、对事不对人的原则、进退有度的原则、个别化处理的原则、因人而异的原则。

2. 班会引领

化州市新安镇第一中学邱金有：召开纪律观念主题班会或辩论会。以事例或典故，引发他们内心的触动。

深圳市格致中学刘永要：用集体的力量去感化他们。学生还是在乎同伴的评价的。如果学生的一些行为规范做得不好，导致班级扣分或者挨批评了，班主任不妨抓住这样的契机，就此让学生自主组织一个班会去公开讨论此事，大家各抒己见。班会课如果有结论最好，如果无法得出结论，也能够在一定程度上告诉这些“无所畏惧”的学生：班级荣誉很多同学都在乎，请自重，也请尊重他人。

3. 班规制约

化州市新安镇第一中学邱金有：制定平等、公正、公开的班规。班规是学生共同议定的，对全班同学有效，任何人违反了，都要为班集体做奉献，如劳动、帮助他人解决困难、协助班干部维持纪律等。

此外，邱老师还认为，调整座位也是一种不错的做法。孟母三迁，说明环境很重要。例如，对于爱上课讲话的学生，班主任可以调整他身边的学生，并让新调整的学生帮助他改变纪律情况。

4. 家校合力

化州市新安镇第一中学邱金有：针对他借故请假回家，返校后班主任可以问他“在家有哪些收获”“和在学校对比如何”，并把同学在校学习情景拍照发到家长微信群，让家长对比榜样，自然形成教育合力。

5. 适当惩罚

深圳市格致中学刘永要：适当惩罚。规矩面前人人平等，对于一个违反纪律的学生不能因为他成绩好就网开一面，否则对其他学生来说不公平。所以，班主任该出手时就出手，果断、公平、公正地处理相关行为。

诚然，如果学生犯了错，视程度轻重，要对其进行批评教育，甚至让其承担错误的后果。广西师范大学教育学部（田家炳教育学院）蒋士会教授为我们推荐了一篇名为《美国如何对付“熊孩子”》的文章。从文章中我们获悉，美国孩子犯了错，就会被惩罚；但是改正了便没事，不会被贴上标签，视为另类。

三、研讨总结

学习能力仅仅是学生综合素质的一部分，品性品德的养成也是学生成长中非常重要的组成部分。如何让学生成为德美才秀的人？从学生自身来看，其不但需要掌握文化知识和专业技能，还需要不断自觉提高自身的道德修养，增强纪律观念。作为教师，我们可以借助班会、班规、家长等多种渠道对其进行感化、引领、监管；即使是学优生，也要做到公平、公正地教育，让他们知道，一个有理想、有知识、有道德、有文化、有纪律的人才能永立于社会的不败之地。

四、专家视角

某些学优生之所以纪律意识淡薄，主要是因为我们的评价机制中对学优生的定位出了问题。当我们把分数作为衡量学生优劣的唯一尺度时，教师和家长在心理上、行为上就会有意无意地对学优生爱护有加。对于他们身上的小毛病、小问题，在我们看来只要不是原则性的也常常会姑息迁就，久而久之，一些学优就会仗着成绩优异、教师偏爱而恃才放旷、恃宠而骄，纪律意识淡薄也就不足为怪了。所以解决学优生纪律淡薄问题，我们要从根源入手，对学优之“优”的定位要全面、客观；加强规则教育，让人人都树立规则意识，敬畏规则，明白规则面前人人平等，没有人可以搞特权；赋予学优生更多的责任担当，让他们努力使自己在各方面都做班级的引领者，成为班级的精神领袖；让学生明白，人品比分数重要，成人比成才重要，成长比成功重要。

专家简介

刘 霞，女，汉族，河南省荥阳市龙门实验学校教师，中小学语文高级教师，河南省骨干教师，荥阳市名师，荥阳市首届功勋教师。

本期研讨主持人及文档整理人：佛山市三水区三水中学　李杰芳

第26期 家长总是袒护孩子，怎么办？

一、典型案例

中山市横栏镇中心小学韦兰英：我班有一个学生经常不写作业，家长开始的时候说他会教育孩子，但是该学生还是经常不写。根据给他讲过课的教师反馈，家长一直袒护导致该学生一直不愿意写作业。教师都不知道怎么和家长沟通了。

河源市源南镇双下小学曾德梅：学生作业没完成，为逃避责任，一而再再而三撒谎，被教师揭穿谎言，并被罚做了一些额外的作业。结果她回家就大哭，家长了解事情以后，依旧为自己的孩子说话，希望教师不要惩罚孩子，反而要继续鼓励孩子。每次都是这样的……在家里永远是公主的她，在学校遇到挫折或批评，家长就会打电话来为她说话和求情……

二、一线碰撞

1. 概念辨析，弄清问题是什么

佛山市三水区西南中心小学何令娴：“袒护”这个词语准确否？站在家长的角度看孩子问题，和站在教师的角度看学生问题是两个截然不同的角度。我们认为孩子不对的地方，家长却认为没有问题或不是严重的问题，那是因为他们比教师更了解孩子的过去。如果我们认为家长袒护孩子，老师必须先把家校沟通工作做好，把问题原因查找清楚，再评价是不是袒护。

广州市从化六中黄阳波：那可以换成“针对”来讨论，家长总是认为教师针对自己的孩子，怎么办？然后又来说“针对”这词准确否？这样还讨论得下去吗？那干脆直接讨论家校沟通好了。

深圳市格致中学刘永要：我发现一个问题，很多教师都太玻璃心了。大道理我说不出来，但教育要有原则，缩手缩脚很辛苦的。该怎样就怎样，教师也不是万能的。没有规矩不成方圆，小孩子犯错了，如果家长和教师一味地理解他、包容他，那么他进入社会，就不能适应社会的残酷，因为他已经习惯犯错不需要付出代价了。小孩没有我们想象的那么坚强，但也没有我们想象的那么脆弱。

没错，家长确实比我们更了解他的孩子，但是了解不代表懂得如何教他。很多孩子在家都不听话，反而听教师的，这说明专业的重要性。有的家长就是袒护孩子，因为我也有过这种心态。相比我对学生的客观教育，我对我女儿则有点失去原则，有时候心软，不过我过后会反思、会调整，因为我是教师。我是教师都在所难免啊！但很多家长意识不到自己的问题。这就需要我们用智慧来解决这个难题。

用“慈母多败儿”“严师出高徒”这简单的两句话与大家共勉吧。

佛山市顺德区乐从中学胡燕辉：家长袒护孩子，折射出两个问题，一是家长溺爱孩子，是非不分；二是家长对班主任工作的不支持甚至是不信任。换言之，这涉及两个教育问题：一个是亲子教育问题，一个是家校沟通问题。

深圳市格致中学刘永要：胡燕辉老师分析得有理。取得家长的信任是解决问题的前提。家长带着怀疑的眼光看班主任所做的工作，我们的工作效果就要减半。

佛山市南海区石门高级中学袁焕青：这话有点意思。教师做法未必百分百准确，家长的“袒护”不经意间起到一个缓冲的作用，这也未必是坏事。

佛山市三水中学附中黄群方：当学生犯错时，作为班主任，您是希望遇到一个给孩子找个台阶，给你补台的家长，还是希望遇到一个与你联手压制孩子的家长呢？

华东师范大学黄向阳：如果我对学生很严厉，我倒是希望家长温存一些，这样学生才能有所缓和。

佛山市南海区石门高级中学袁焕青：老师不要把自己看成绝对正确的，家长的不同意见正好避免我们陷入教育困境之中。

华东师范大学黄向阳：其实，对问题处理与教育理解有关，与事件对错无关。

佛山市南海区石门高级中学袁焕青：每个孩子都是不同的，但是作为老师，我们更多的是要求必须相同，而且绝对高标准，这不符合教育现实。

华东师范大学黄向阳：家长“袒护”自家孩子是人情天理。即使孩子错了，一般的家长也是会替孩子说话的，尽管回家可能会训斥孩子。

佛山市南海区石门高级中学袁焕青：遇到这样的家长，还是要多沟通。

华东师范大学黄向阳：不，遇到这样的家长，应该表示尊重。我是说，尊重家长的护短反应——呵护自家孩子，是普天之下高等动物的共性。

佛山市南海区石门高级中学袁焕青：在与家长沟通时候，要注意表达的技巧和情绪，不要带着埋怨的口吻，不能让家长走到对立面。

佛山市三水中学附中黄群方：相对于袒护孩子的家长，放弃对孩子教育的家长，更让我们老师头痛。

华东师范大学黄向阳：聪明的老师或许会这么回应：哎呀，多亏家长提醒，孩子犯这个错误确实可能有客观原因，找到了这个原因，相信他以后就不会再犯了……

佛山市南海区石门高级中学袁焕青：作为班主任，要有同理心，在处理学生问题时候顺便肯定家长，如果家长做得不妥，自己都会不好意思，那么我们沟通和共育的目的就达到了。

佛山市南海区石门高级中学袁焕青：亲情。我希望家长可以理性温情地看待孩子的问题。

华东师范大学黄向阳：家长袒护孩子跟对错没有关系。孩子错了也要护着，这是一种本能反应。对家长来说，他是我孩子，他错了，我也得护着他。即使要认错，我也希望他不失尊严地认错，很希望他有尊严地伏法。

佛山市南海区石门高级中学袁焕青：那是呵护，不是袒护，应该有区别。

华东师范大学黄向阳：所以，我一开始就问，家长“袒护”指的是什么？

佛山三水华侨中学黄静仪：我觉得袒护不等于让学生有尊严，我认为袒护是无原则地庇护。 如果不分对错袒护，终究这个小孩也会受到社会对他的惩罚。

华东师范大学黄向阳：做教师的一定要理解家长这种护犊之情，你们自己就有，你们的父母也有过。假如我犯错了，我也希望我的父母坚定地护着我。人同此心，心同此理，推己及人吧。

佛山市三水华侨中学黄静仪：护犊之情确实能理解，作为班主任，我们不能单纯地听取一面之词，要多方了解情况妥善处理才行。

华东师范大学黄向阳：父母之护犊乃是人性的天良所在，天良不灭，才有希望。老师倒是可以利用护犊之情，引导家长从更加周全更加长远的方面看待孩子当下的表现。总之，家长护犊不可恨而可用！

三水西南中心小学肖意如：护犊不是错，盲目护短则可能酿成大错。

佛山市顺德区乐从中学胡燕辉：我们面对的教育对象是一个复杂的个体，需要我们运用各种手段。我们可以身怀崇高的教育情怀，但必须回到实际，教育从来不是只有爱就能解决的。

华东师范大学黄向阳：有了父母的爱，孩子才能有休息的港湾。

佛山三水区第三中学张佳望：我们是否有思考家长为何“袒护”孩子？家长“袒护”孩子其实就是对我们工作有质疑。为何质疑？可能与我们沟通方式、方法、技巧有关。

广东省珠海紫荆中学刘欢：作为教师是需要听取不同的声音的，需要有海纳百川的宽阔胸怀。要理解家长的护犊之心，即使有时从理性上讲是不利于孩子成长的护短，这也正是家长与教师角色的不同之处。理解了这一点，教师处理问题时心态会更平和，也会更理性。

华东师范大学黄向阳：“子曰：父为子隐，子为父隐，直在其中矣。”其实，夫为妇隐，妇为夫隐，直也在其中。现代法庭容许直系亲属回避法庭指证，也是为了维护基本亲情人伦的考虑。其实，在学生犯错误时，我不但建议大家别强求学生家长与您保持一致，我甚至奉劝各位也不要强求其他学生与您统一战线。学生出于友情跟您对着干，这在今天是不是一种稀缺的美德呀？

2. 原因探讨，弄清问题为什么

广东阳西县第二中学黄坚：当家长袒护孩子时，要看孩子所犯错误的轻重程度，对于一些原则性的错误，老师应该严正向家长指出并阐明立场，反复沟通，直到问题得到合理解决。

3. 研讨对策，解决问题怎么做

化州市新安镇第一中学邱金有：关于父母袒护孩子，这是很正常的一种行为。我是先和家长坐下来聊一聊关于孩子的教育方式方法，再引入孩子的不良行为（具体案例），让家长分析孩子的行为是否需要改进，应如何改进（若家长允许孩子犯错，但二次或三次以上，该如何处理呢？）。总之，面对这样的家长，教师应有打持久战的心理准备，应让家长参与学生的管理与学习指导，让家长多到学校来。人到教室里，问题应不难解决！

深圳市格致中学刘永要：

（1）用同理心理解家长。确实，家长袒护孩子是正常行为。但是不分原则一味袒护，可能就是家长护子女心切所做出的不理智行为，也反映了家长的教育理念和方法。既然这样，我们就要表现出和家长站在统一阵线，告诉家长，我们也是想孩子好的。

（2）从家长的角度考虑问题。我们和他们一起分析，如果袒护，结果会如何。

（3）告诉他们正确的处理方法，以及如何才是真正为学生的健康成长着想。

（4）真诚交流。交流贵在真诚，只要是真的为学生的发展着想，家长还是会感受到的。我们尽量少从班级管理或者自身管理方便的角度出发，否则会让家长反感。

（5）部分家长也是需要教育的。所以，我们平时要未雨绸缪，逐渐把家长团结到自己的战线上。这会让我们的工作事半功倍。

包头市第三十六中学陈彩霞：袒护孩子的家长特别多，面对这样的家长，我一般会做这些事。

（1）肯定他的爱子（女）之心，因为我也是家长，我也很爱自己的孩子。从情感上引发共鸣，拉近彼此之间的距离，为家长接受教师的建议做铺垫。

（2）换角度提建议。我一般会说："如果是我的孩子，作为家长，我会更加理智，因为我们是成年人，明明知道孩子的这个习惯（这种做法）不妥当，就有责任帮助孩子尽快改正。您说呢？"这时家长一般都会认真听取教师的建议，并且表示支持教师的做法，也愿意与教师共同配合帮助孩子。

（3）称赞家长的明智，鼓励家长坚持。

（4）态度和蔼，语言平实。

我们要让家长从心里觉得教师和他目标一致，都是为了他的孩子好。教师的语言要通俗易懂，所讲的办法要易于操作，在不伤害孩子的前提下解决问题。

4. 案例举例，他山之石

【案例1】

安徽合肥师范附小三小乔利荣：对于家长袒护学生，作为班主任的我，也曾多次遇到，因为前几年独生子女较多，家长溺爱孩子，袒护孩子司空见惯。比如，我班有一个孩子在班级总是惹是生非，家长说："不会的，肯定是别人先惹我家孩子的。"再如，班级有一个孩子拿了别人的东西，家长说："老师，这是不可能的事，家里啥都有，我家孩子不会稀罕别人任何东西。"类似这样的事情还有很多，作为班主任，我要对班级孩子负责，就必须采取一定的方式，让家长认识到袒护孩子是对孩子不负责的行为，袒护就是娇惯。措施如下：

（1）建立班级博客，在班级博客上设置"家长学堂"栏目，定期发一些教育文章或案例，让家长学习。

（2）定期开家长会，分享平时积累的教育资料和实践经验，用班上的具体事例说服家长，使家长认识到袒护孩子的害处。

（3）以"家长袒护孩子好不好"为主题开展辩论会，并拍摄小视频发在班级群。这样正反两方的辩论，不仅使学生受益，而且使家长从中感受到袒护孩子的危害性。

（4）召开主题班会，让受家长袒护的学生认识到不任性、不自私，团结同学，爱护班集体的重要性。

【案例2】

湛江一中培才学校王德军：

（1）查证有据——弄清原委，记录在案。家长袒护孩子是因为家长和教师立场不同，看待问题视角各异，加之角色遮蔽带来的信息缺失造成判断失真进而导致误解。教师在向家长反馈学生问题时，要做好准备，弄清事件原委并准确传达给家长，否则容易造成家长误解。我的班里有个学生小宇，有考试作弊的嫌疑。上次数学考试我就发现了一些端倪。鉴于小宇情况，在和数学老师商量后，我们决定在过关考试时拿到“证据”。为了避免小宇多心，在此次过关考试中，除了上次单元测试成绩不理想的学生外，还增加了中等、优秀学生，当然小宇也是“偶然”被抽中的学生之一。结果如我们所料，此次过关考试一改往常变式训练模式，直接采用上次原题，小宇的选择题和上次一样满分，但是证明题、解答题有三道题只写了简单几步，与上次的严密解答有天壤之别。

为了安慰小宇，防止意外情况出现，考后我第一时间找到他，告诉他此次考试结果如何不重要，教师拿到“证据”并不是要处罚他，而是帮助他认识错误，有错就改就是好学生，我愿意帮他保密。听我这么说，小宇承认自己为了达到父母的要求，不得已“铤而走险”，前三次都拿到高分向父母交差。我让小宇把详细过程和自己此时此刻的想法写下来，剖析自己的所作所为，并郑重签下名字，写上日期，用反思提升自己的认知水平。此外，我还找小宇同桌了解事件原委，并让他如实写下事件经过，同样签上自己名字确定所说的真实性。有了人证、物证，有助于小宇父母了解事件真相，消除心理疑惑，为教育小宇赢得先机。

（2）反馈有道——尊重在前，策略在后。家长对孩子的爱是无条件的，家长对赏识和爱的简单理解容易将其异化为无条件的袒护，小宇家长袒护他就是如此。为了圆满解决小宇作弊的事件，我再次电话联系小宇爸爸，首先感谢他上次关于“证据”的建议，并请他和小宇妈妈在方便的时候来学校，以便我向他们反馈整个事件的原委，然后表明想和他们商量如何教育小宇的问题，请他们一定支持我的工作。我的“低姿态”感动了小宇爸爸，他马上向我道歉说：

“王老师，真对不起，您也知道，我是一名警察，职业习惯让我上次表达欠妥当，请您原谅，我一定和他妈妈当面向您道歉。”

当班主任遇到家长袒护孩子时，班主任要坚守教育立场，切不可意气用事，在接待家长时要尊重在前，策略在后，努力做到以下几点：第一，要礼貌待人。家长在听到孩子受到批评、委屈等情况，容易相信孩子的一面之词，往往会怒气冲冲而来，大有兴师问罪之势头。教师的冷静、礼貌接待，有助于平息家长怒气，为解决问题打下良好基础。第二，耐心听取家长意见。家长负气而来，肯定有其理由。教师让他说出来，一是让他气顺了，二是了解家长掌握的情况，把握问题的关键所在。第三，肯定家长的正确主张。家长受角色遮蔽，容易听信孩子的一面之词，这时教师不妨以退为进，先肯定家长的正确主张，在家长感受到被尊重、被理解后，再和家长交换意见，这有助于达成共识和促进问题的解决。

（3）教育有方——沟通协作，互借慧眼。小宇家长如约来到学校，我们在家长接待室进行了真诚的交流。我先向家长叙述事情的经过，说明我和数学老师调查小宇作弊事件是基于教育他的考虑。我考虑欠周到，在没有详细了解事情原委前就向家长反馈，引起家长误解。接着，我拿出小宇及其同桌所写的“证据”，让家长更深入地了解事件，事情很快得以澄清，我和小宇爸爸也“握手泯恩仇”，彼此之间的误解完全消除。

作为教育者，我没有纠结在辩理上，而是思考如何履行职责，与家长就如何抓住契机教育小宇展开深层次交流。首先，我分析小宇作弊的动机：一是他有进步的需求，想取得高分；二是迫于家长压力，为了完成“家长指标”。小宇家长对我的分析表示认可。他们也表示是自己心急了，没有考虑到小宇的基础，提出过高要求，给孩子造成心理压力，才让他“铤而走险”，用作弊获取自己想要的分数，作为家长是有错误的。我肯定了家长动机的合理性。接着，我和家长交流我的教育计划：一是让小宇认识到作弊是不对的，要承认错误，要向数学老师道歉；二是家长和教师要有同理心，给小宇改错的机会；三是家长也对自己的不当做法向小宇道歉，取得孩子谅解，修复亲子关系。最后，我根据计划，让学校心理老师给小宇全家做一次辅导，就小宇学习问题展开讨论，就如何激发他的学习动机、制订合理学习目标及对如何实现目标展开讨论，达成了共识。家庭辅导效果非常理想。

俗话说：“毛辣虫说它的娃光，臭板虫说它的娃香。”爱子之心，人皆有之。爱子失度，就是溺爱。家长袒护孩子是人性，故其存在有必然性。作为教育者，我们要遵从人性，因材施教，转换解决问题的视角，努力提升自己的教育智慧，沟通协作，互借慧眼，从家长袒护孩子事件中看到教育契机，努力和家长组建教育“同盟军”，变袒护为呵护，化危机为契机，此教育之意义，教师之担当也！

三、专家视角

袒护行为的化解之道需要智慧，需要建立高水平、综合性的能力体系，要从认知和价值两个层面着手。针对家长袒护学生的问题，可以采取以下步骤化解家长的袒护行为：换位理解，价值尊重；观念探寻，价值定位；理性分析，价值澄清；利益综合，价值引领；积极行动，价值体现。

1. 换位理解，价值尊重

班主任要做到以下几点：①无条件接纳家长的意见；②表达对家长的理解和同情；③让家长感受到自己的真诚。

2. 观念探寻，价值定位

班主任要思考以下几点：①定位于短期利益还是长期利益；②定位于个人利益、他人利益还是社会利益。

3. 理性分析，价值澄清

班主任要从以下层面分析：①从不同的利益主体角度分析；②从不同的利益时限角度分析。

4. 利益综合，价值引领

班主任要实现这项工作的具体操作：①帮助家长提升认知；②帮助家长提升理性选择能力。

5. 积极行动，价值体现

班主任要帮助家长认识到：①只有在兼顾他人利益的基础上，共同利益才会有长远的效果；②只有平衡个人利益和他人利益，才能让每个人都更好地发展。

专家简介

黄向阳，教育学博士，华东师范大学教育学部教育学系副教授，硕士生导师，教育部人文社会科学重点研究基地基础教育改革与发展研究所研究员。

本期研讨主持人及文档整理人：深圳市格致中学　刘永要

第㉗期 班级管理采用“命令式”还是“民主式”？

一、典型案例

佛山市顺德区乐从中学胡燕辉：对于班级事务的处理，我认为还是需要根据学生所处学段来调整，根据事务的性质来决定采用何种方式。例如，对于高三学生，我个人很多时候会采用命令式。它一方面可以提高效率，另一方面减少学生在这方面时间上的浪费。当然，如果这个事务对学生的备考有直接影响，那么我会采用民主式，如征集备考口号等，借助学生民主决策的过程进行精神渗透，提升学生对高三的认知，约束学生的行为。

二、一线碰撞

1. 观点鲜明

深圳市格致中学刘永要：我更喜欢民主式的工作方式。虽然刚开始的时候班主任可能会累一点，但是从班级的长远发展和学生的未来发展来看，民主式更加符合提升学生核心素养的要求。没有民主，就不会有自主，也很难激发学生的主观能动性。学生民主意识的养成，对未来社会也有莫大的好处。

有人说民主型班级要在高中阶段才好操作。其实不然。我见过小学阶段也很民主的班级，如在排位置、选班干、小组内部事务等方面都可以体现出民主的意识。每一个小的细节都可以蕴含着班主任的民主的思想。我觉得主要是班主任理念上要民主，做什么事情都要尽量民主，不能够为一时的效果而强制实施什么措施，否则最终难以达到民主的状态。

实现民主也是要讲方法的。不能因为有人实施民主失败了就否定民主，进而不走民主路线。

江苏教育学院潘其勇：当然要根据班级的气质来决定。我们要知道，班级管理没有绝对的民主，也没有绝对的霸权。管理的目的是什么？是让人服从吗？管理管理，管是手段，理是目的。管可能更多的是形式，理可能更多的是情绪。小学生，以管为多；初中生，管理兼半；高中生，以理为佳。所以说，做人的工作，想要“一招鲜，吃遍天”，是不可能的。

廉江市第三中学刘常镇：简言之，民主式是比较符合实际的。但大部分人以为的民主，就是少数服从多数。而民主的内涵比较丰富。

佛山市三水华侨中学许莉芬：其实在班级管理中应采用何种方式，我觉得是没有定法的，针对不同年龄段、不同地区、不同事件、不同对象等，班级管理所采用的方式也不一。就我个人而言，我所教的是城市里的高中生，他们具有一定的见识，有个人独特的看法，而且具备一定的自我实现能力，所以我在班级管理中一般以民主居多。新接手班级的时候，在重要的事情上我直接要求他们怎么做，但在培养了一批各方面能力俱佳的班干部后，我都会以班干部为核心，放手让他们去管理，在进行决策时，都采用民主的方式。

佛山市南海区石门高级中学袁焕青：我自己在处理班级事务的时候，采用民主式还是命令式因事而定。例如，我带的是高三年级，今晚要安排明天运动会闭幕式的事情，1～5条全是命令，该做什么不该做什么大家都很清晰，节约时间成本；但是对于明天要参加趣味运动比赛，谁参加比赛、怎样协调由学生商量决定。

佛山市三水中学附属初中黄群芳：我认为班主任在班务上要以民主式带班为主，这样比较能被学生接受，不会导致学生跟班主任貌合神离；但也不能一味民主，有时学生有太多空间了，效率就低下了。原本一件事，虽然采用民主式可以达到效果，但教师“命令式”去做，不仅效果一样，还提高了效率，不浪费时间。也许，对于初中生更多采用的是命令式，因为班主任想民主，但学生还没有能力来达到班主任的要求。

佛山市南海中学分校麦彩桃：采取命令式还是民主式的方法，要分两种情况：一要看是什么层次水平的班级和学生。班级层次水平较高，大部分学生已经养成了积极主动的行为习惯，这时，民主会比较得民心；班级层次水平较低，学生行为习惯稍微差点，班主任应该采取不断强化的方式，也就是多发命令，让学生的行为习惯得到强化。二要因事情的性质而定。如果是必须的，有底线、有原则的事情，班主任无疑要做好行政式任务，就要“命令”学生完成，像是完成作业一样。如果是班级建设性的事情，班主任可以多采取民主式的方法，不过无论多民主都要有必要的集权。命令和民主相结合，方可达到预想效果。

2. 民主故事

佛山市三水实验中学罗俊耀：有一年带高二年级，分班举行元旦晚会。我为了把晚会搞得精彩一点，没有跟同学商量，就根据自己以往的经验，直接安排各宿舍各出一个节目，外宿生出一个节目，加上唱歌和一些小游戏，共有十多个节目。接到任务后，大部分的同学都很积极排练，但外宿生有两个女同学找到我说不想表演了，原因是外宿生找不到时间排练。这两位找我的同学平时就比较懒散，这次又不接受安排，我有点不高兴，想着反正节目也够，于是就说：“不演就不演，反正不差你们这一个。”第二天班干部告诉我，很多节目都不演了，我觉得很奇怪，昨天学生们还很积极的，怎么今天就罢工了 。那名班干部告诉我，原来昨天那两个学生回班，把我的原话告诉其他同学，他们觉得班主任对晚会不重视，都没有了热情。我才意识到问题的严重性，马上召开班干部会，把晚会交给学生们自主安排，他们的热情又回来了，晚会办得很精彩。命令式的工作方式看似简单，但实际上隐藏着很多问题，如果学生不动起来，教育是没什么效果的。

3. 他山之石

佛山市南海中学分校梁鹏程：在布置班务上，我通常采用民主式，因为我一直在培养学生积极主动的习惯，包括积极主动地接受任务。只有积极主动，不怕吃亏，才可能争取到每一次锻炼的机会。而且平时在学生完成任务后，我习惯毫不吝啬地给他们赞扬鼓励，以激发他们下次接受任务的积极性。在我班上，同学们接受任务越来越积极，以至于要付出努力去争取，他们就慢慢形成了以接到班务为荣。因此，一般我在接班一段时间后，根本不需要命令安排，学生就会积极完成班务。但是有时候，有的学生抢到了机会后，却比较拖拉，这时候我会给他们期限，完成不了的就退出，把这次机会让给别人，下次争取到的难度也会加大，不知这算不算命令。

佛山市南海中学分校吴鲁耿：我认为布置班务应当是一种“民主与专制”的动态平衡的过程，应该适时而动。其一，脱离班级实际的民主都是假民主、伪民主。大多数学校近期都在举办校运会，班期、班徽、班服的选定工作完全可以交予学生来完成，学生的聪明才智远超我们的想象。然而也可能出现一件班服十个样板，A同学说用我的，因为时髦；B同学说用我的，因为迎合校运会主题；C同学说用我的，因为我是班长……那么这个时候，班主任的作用，是将样板数委婉地控制在3个以内，既能保证民主，也不妨碍班服落实、学生选择。其二，适时专制是假专制、真民主。就选拔班干部这样事情而言，他选、自荐、指定、轮班，我认为各有优劣之处。我会在班级组建之初，根据学生简历、初接触印象，指定学生出任班级重要职务，同时会对学生说明，试用期内，择优录取。试用期过后，我会分两种方式进行班干部改选：①学生他选，对试用期班干部的表现、能力进行评选，决定去留；②学生自荐，学生在班级试用期（更像融合期）会表现出与履历、第一印象截然不同的感觉，让学生自荐会是不错的选择。班级事务的布置确实是动态平衡的过程，班级管理本就不存在绝对的民主与专制。有些班务，让学生决定，看似民主，实则耗时费力，得不偿失；有些班务，替学生决定，看似专制，但省时省事，事半功倍。要视班务缓急及事件性质而定，个人浅见。

三、专家视角

班级管理采用“命令式”还是“民主式”，这似乎是个伪命题。教师都有共识，班级管理不能采用绝对的“民主式”，也不能采用绝对的“命令式”。无论哪个年级，班级管理文化都要与社会政治文化接轨。所以，班级管理最好还是采用“民主集中制”：班主任集中指导下的民主，学生民主基础上的集中。班主任集中指导，思想引领，日常班规和管理可采用民主式；班级重要事项需要适当“集中”，提升执行力。这样才能建设健康的班级文化，才能培养适应社会政治文化的合格公民。

专家简介

周晓棠，女，广东省开平市长师中学副校长。高中语文高级教师，广东省第一批骨干教师培训班优秀学员；江门市优秀教师，江门市建功立业女能手，江门市作家协会会员，江门市儿童文学创作委员会委员；开平市首批名教师。主持省、市级重点课题多项。

本期研讨主持人及文档整理人：佛山市三水实验中学　罗俊耀

第㉘期
班级有"江湖"，要拆还是要聚？

一、典型案例

随着时间的推移，学生之间的关系熟络，班上渐渐地就会出现一些"小集体"，会对班级的班风班貌形成一定的影响，有时候还会出现"拉帮结派""帮派斗争"等问题。请问你是如何看待班上的这些"小集体"，又是怎么处理这些"江湖"问题的呢？

二、一线碰撞

1. 小团体的成因及危害

佛山市三水区西南中心小学胡晓妹：在班级管理当中，我们经常能够看到三五成群的小团体。这些小团体如果处理不好的话，会在校内或者是班上引起非常不好的影响。

佛山市三水区云东海街道宝月小学蒋君婷：这样的小团体属非正式的群体，一般自主自发形成。它有可能向两个方向发展：一是往好的方向发展，团体内部成员由于某种共同爱好或者一致的观念而组合。这样的小团体在班里有一定的价值，在某些方面可以起到促进作用。二是往坏的方向发展，如几个成绩较差的学生组成厌学的小团体，一些爱好暴力的学生组成小型的"黑社会"。对这样的团体，我们要高度重视，及时采取措施瓦解，防止产生更严重的后果。我们学校也有这样的例子，四年级某班有五六个男生经常闯祸，总是被同学投诉他们打人、骂人；上课纪律也不好，总是吵吵闹闹，严重破坏课堂纪律。每一个科任老师都对他们没办法。老师们也想过不少办法，如惩罚、通报批评……但是这几个男生都感觉不痛不痒，丝毫没有改过的态度！

包头市第三十六中学陈彩霞：在小学的高年级，“小集体”开始出现了。有的“小集体”是正能量的，可以成为其他同学学习的典范，如几个志同道合的同学组织的读书社团等；多数“小集体”是传递负能量的，影响班级形象，甚至班风建设。

广州大学附属实验学校阴潭潭：我曾经处理过类似问题。我所带的是一个高二文科班，所在学校是寄宿制学校，女生居多，问题也会比较多。刚开学不久就有女生拉帮结派地吵架，甚至在教室里起冲突。

佛山市三水区西南中学谭娟：我的班级里女生也较多，不乏个性张扬、性格活泼的，她们当中有一部分又是班上的班干部。这样一个小集体基本上在班上能“呼风唤雨”，有时候她们难免公私不分，包庇袒护，因此也引起了班上不少同学的非议。

2. 应对小团体的措施

深圳市格致中学刘永要：班级人际关系也是有一套运行机制的，是自然而然形成的。小团队只要不影响同学关系，不以团队之力去欺压同学，不影响班级的运行发展，那么就静观其变吧。有些人喜欢抱团，有些人难耐孤独，有些人喜欢独来独往，有些人喜欢随遇而安……各种交往生态都存在才是正常的吧。班级的和谐建立在民主、公平、公正的基础上。如果小团队确实影响了班级的和谐发展，那么化解团队的方法应该是活动，让团队和非团队的人都参与到活动中，不熟络和熟络的都混编在一起，让他们逐渐融合为一个整体。如何避免小团队过分生长？还是活动吧。在小团队还没有形成之前，通过自我介绍、我的故事演讲活动，大家及时互相了解，彼此欣赏；也可以通过一些体育比赛活动，如三人四足、拔河、定向越野等，团队不断分解变化，让小团队形成大团队。

佛山市第三中学李亚青：在组成的帮派里的学生，他们认为自己并没有“拉帮结派”。因而，首先，教师可以在班级进行调查——你们喜欢这样的团队吗？用案例引领学生一起探究。其次，这些学生的组队说明他们需要关注，教师可以给予他们更多的关心。最后，教师可以引领学生探究共产党的成立过程，感受民众的力量。学生中的小团体的去留，他们自己会有所决策。

佛山市三水区西南中心小学胡晓妹：我个人认为，在处理班级中小团体的时候，可以用以下几种方法：

（1）营造良好的氛围，以情动人。这些小团体的孩子，有些时候往往很难在班上找到一些知心朋友。我认为，班主任要设法把他们吸引到丰富多彩的活动中，使他们产生积极向上的精神需要。对于那些单亲家庭的学生，班主任更应该给予关爱，帮助他们走出那个相对封闭的圈子，让他们多与班上的其他学生交往与相处。另外，班主任可以引导他们勤奋学习和树立远大的理想，从而走出阴影、走向阳光。在我教的班级里面就出现过这种现象，有一些学生自认为各方面比较优越，自然就以为自己成了班上的明星。他们爱发号施令，受不了批评，过分关心、维护自己的核心地位，所以在班上的威望并不高。针对这种小团体，我会和他们谈心，让他们清楚地认识到自己的弱点，并且教他们学会关心他人、尊重他人，使他们明白不能总拿自己的优点与他人的不足相比，要懂得山外青山楼外楼，不做井底之蛙。

（2）多方配合，促其进步。在平常的班级管理中，我们要创设机会，安排优势群体中的学生与弱势群体中的学生，自由组合，组成帮扶对子，以此让学生感受到集体的温暖、同学的真情；还可以在他们之间引入竞争机制，促进他们在竞争中前进；也要让进步慢的学生看到自己身上的闪光点，提高他的自信心，使其传播正能量。

（3）努力转换小团体中的核心人物，调动小团体成员的积极性。每个小团体里都有一个“小领袖”。教师可以利用这些“小领袖”，去做其他成员的工作，这有时比我们直接做某个同学的工作的效果更佳。我曾经就安排班上的小团体做一期黑板报，举办过各种比赛，学生非常积极，发挥了他们的群体优势。当然，我认为转换小团体的方法还有很多，关键还是教师要用爱心去努力营造一个互相信任的氛围，多与学生沟通，让班上的小团体产生积极的作用，为班级服务，传播正能量。

包头市第三十六中学陈彩霞：对于班级中的小团体，我们要做到以下几点：

（1）进一步了解、研究。班主任应了解小团体的形成原因，以及小团体中每一个成员的性格、家庭，为下一步的研究奠定基础。比如，我班以小虎为首的“篮球队”，总是因为和正在打篮球的其他同学抢场地而发生冲突，甚至有一次引发了肢体冲突被学校通报批评。为此，我开始进一步了解这几个孩子。小虎因为家人的娇惯说一不二，做事不计后果，但是对队员讲义气，出手大方；其他四个队员没有主见，因为小虎经常出手阔绰，给他们买零食，所以对小虎言听计从。我和他们的家长分别沟通，得到家长的理解和支持。

（2）引导学生从内心认识错误。只有学生从内心认识到错误，才能真正改正。换位思考或许是最便捷的方法。我让他们说说事情经过，小虎特别气愤，都是在强调对方如何不懂事，快要篮球比赛了都不让着他们。其他四个队员也随声附和，显得委屈得很。我问：“你们正玩得好好的，有人要你们让开，你们怎么办？”“肯定不能让开，要讲先来后到。”小虎不假思索地回答，其他队员也连连点头。“对呀。”我笑着对他们说。突然他们反应过来了，不吭声了。良久，小虎表示，不再给班集体丢脸了，以后保证不再犯同样的错误了。

（3）利用好班级正向舆论。班主任应充分利用好班级正向舆论，为“小团体”的转变保驾护航。班会上，大家就“篮球队”打架遭到学校通报一事分组讨论，然后全班汇报交流，大家对小虎等人严加批评。我建议大家再想一想小虎等同学有没有做过对班级有益的事情。有的说，他们篮球比赛为班级争得过奖状；有的还回忆起小虎为人仗义，曾经帮助过他。没想到，挨批评没什么反应的小虎等人，受表扬反倒脸红了，他们表示以后一定会做对班级有好处的事情，并且请大家监督。后来，小虎偶尔还会出现一些问题，但是行为上明显进步了，待人接物稳重了、文明了，“篮球队”还为我们班争了光。这得益于一年以来每次班会大家都对小虎等人的行为进行点评，并加以记录。正因为班级的正向舆论，让小虎为首的小团体逐渐走上了良性发展的道路。作为班主任，我们及时发现问题，采取家校合作、班级监督等方式，对于小团体向良性转变有较大的帮助。

佛山市三水区西南中心小学肖意如：中学时代的我曾经是一个小团体的

一份子，我们这个小团体的人酷爱打排球。那时候一个星期只有一个早上可以睡懒觉，但那一个早晨，我们会早起打球。冬天很冷，我们的手臂有时也会受伤，可是我们从来不会因此误了打排球，导致伤口结痂后又裂开。这就是我们对排球的热爱。我们也曾经在外面给班主任惹过事。有一次，我们小团体的热血男儿因为打球和人打架。返校后班主任把我们全都抓过去，让我们写检查。当小团体里的其他人还在负隅顽抗的时候，班主任从我这个没见过世面的学生身上取得了突破。这件事后来怎样了，我不太记得。但是我们这个小团体因此记恨了班主任至少十年。当然，现在二十多年过去了，这些事已经淡忘，我们还是会心存感激地去探望班主任。我们这个小团体现在怎么样了呢？没有大富大贵但都遵纪守法、丰衣足食。我们每年过年都要狂欢一次，打打球。我们中间有一个人因为脑出血而失去劳动能力，我们一直在帮助他，从他急救到后来求医的漫长过程，都是由我们这个小团体的人去跟进的，我们像亲人一样。很庆幸当年班主任想瓦解这个小团体但没有成功，所以我们才拥有了这样一笔宝贵的友情财富。我由此想到的是，班主任无须以瓦解小团体为目标实施教育行为，可以更多地尊重和信任孩子，在他们的心灵注入更多的正能量。当心灵的花园芬芳扑鼻，杂草也就无处生长。

三、专家视角

专家1：班级内的小团体，其结成形式多种多样，情况比较复杂，有共同经历、共同感受的同学结成的小团体，有学习水平相近、在同一层次上的同学结成的小团体，等等。

对于班内特殊的小团体，班主任不能漠视它的存在。在管理的时候，需要认真研究其特点，讲究一下策略和艺术，争取让班内的特殊小团体成为班级内的友好成分，为班级发展做出贡献。

（1）与小团体骨干保持亲密的师生关系。俗话说，牵牛要牵牛鼻子。班主任要做好小团体中骨干或者领头的思想工作，让骨干引导小团体内的同学向积极的方向发展，让他们为班级做好事、做贡献。如果教师与骨干的关系较差，整个小团体可能就会受骨干的影响，做对班级不利的事情，由于他们有一定的能力和影响力，会加大班级管理的难度，从而影响班级发展的大局。

（2）委派小团体去完成特别的任务。有的工作如果让一般学生去做，可能难以完成，或完不成，但如果交给一个特殊的小团体，就有可能很漂亮地完成了。因为，一些特殊小团体往往有他们的独特方面、独特关系、特殊渠道或者特殊力量。再者，特殊小团体自己内部比较团结，有团队意识。对他们来说，去完成一项任务，他们可能感觉到的是他们小团体的光荣，就会乐此不疲。所以，班主任有时可选择一些特殊的任务，让有关小团体去执行，发挥特殊小团体的作用。

（3）保持小团体和班集体之间的关联。特殊小团体也是班集体的组成部分，他们只是结合得特殊，绝不是说他们是班级内的“特殊公民”，可以脱离班级的管理。他们应和其他学生一样，认真遵守班级纪律，履行规定的职责，不能超越班集体。他们在班级所允许的范围内，可以进行一些活动，但决不能给他们特殊的权利，让他们搞特殊。

班主任要高度警觉班内小团体的组成和动向，了解小团体的真实性质，及时了解他们活动的情况，掌握他们活动的有关目的，争取让班内的特殊小团体朝着良性方向发展。班主任要大胆鼓励班内小团体为班级多做好事，为班级发展多做贡献，让他们在班集体这个大团体内健康成长。反观师者自己，在成长的路上，我们也总会遇到和自己聊得来的人，所以团体并不都是不好的。

专家2：学生之所以成团，是因为价值观趋同。拥有消极价值观的学生聚在一起，难免出现消极行为；拥有积极价值观的学生聚在一起，互相影响，彼此促进，能量大增。作为班主任，我们不要等到班级消极小团体产生才来想办法瓦解，这样只会事倍功半。正确的工作思路是事前预设，步步为营，最后达到步步为赢的目的。

预设一是打造班级核心价值观。一个人的行为模式是由其价值模式决定的。一个班级的风气是否纯正，是由这个班级的核心价值是否正确决定的。因此，班主任一定要不遗余力地打造全班学生认同的核心价值观，如“团结、友善、不给他人惹麻烦、尊重每一个同学”等。

预设二是建设官方的管理小组。人都是混圈子的，只要价值趋同、意气相投，就很容易凑在一块。班主任不妨尊重人性，主动出击，在平衡学生性格和性别，尊重学生感情的情况下，建设包容、稳定的官方管理小组，让每个学生都有稳定的、接纳度高的圈子，以找到自己的归属感。这样一来，消极小团体就不容易生根发芽，即使生成了一些消极小团体，也不容易生存下来。

预设三是营造健康的人际氛围。班级容易产生消极小团体，还有一个很重要的原因，那就是人际氛围较差，学生之间产生分裂、自成派系。若想消除这种不良现象，班主任必须用心营造健康的班级人际氛围。班级学生相亲相爱，班级就像自己的家一样，每个学生都能安全地把心放在教室里，自然就不会想着去拉帮结派了。

专家1简介

李仪欢，女，中小学语文一级教师，佛山市三水区名班主任，现任教于广东省佛山市三水区西南街道金本小学，2021年被评为广东省佛山市优秀班主任，所带班级多次被评为优秀班级。

专家2简介

钟　杰，深圳市光明区光明中学教师，广东省名班主任，广东省第三批名班主任工作室主持人，全国优秀教师，先后出版教育专著近20部。

本期主持人及文档整理人：三水区西南中学　谭　娟

第㉙期
如何帮助学生和家长缓解亲子矛盾？

一、典型案例

佛山市三水区乐平中学汪婷婷：我们班有一个女生，曾经考过年级第一，成绩起伏不定，在学校学习踏实、勤奋、认真。在网课刚开始的时候，家长对她很放心，但是，家长后来发现这个女生每天很晚才睡觉，妈妈开始对她起疑心了。一查才发现，这个孩子每天夜里根本不是在学习，而是在玩游戏、看视频，在上网课的时间也跟同学聊天，不专心学习。在她的行为被妈妈发现后，她跟妈妈保证一定好好学习，但是她根本控制不了自己玩手机。由于妈妈对她管得越来越严，她在上周五竟然跟她妈妈说，自己抑郁了，很想死。我现在建议她妈妈不要管她学习了，每天陪她去跑步、运动。我们马上也要开学了，开学后我要怎样去引导这个孩子（也有可能是一批这样的孩子）？她虽然跟父母承诺得很好，但是总是缺乏行动力，结果也不尽如人意。

二、一线碰撞

1. 收集孩子的优点，用集体氛围带动孩子学习

佛山市南海区南海中学孙钦强： 这个学生让我想起了上周讨论的我们班的那个学生。周一我们正式开学了，他也回来了，他给我的感觉依然是那个懂礼貌、乖乖的男生，我也没有试图去追问他在家里发生了什么。数学老师昨天上课特意让他上讲台讲一道数学题，他讲得头头是道。我觉得这是一种非常有意

思的现象。这个女生在家里缺少交流的对象，现在妈妈管得严格，估计亲子关系也不太和谐，那就更需要手机支撑她无法消解的烦闷情绪。我觉得开学后，关键是管控好学生的手机。我们学校高三学生回来是全面禁止带手机的，反正大家都不带，那些在家严重依赖手机的学生也没什么意见。这两天观察他们精神状态都还不错。所以对于学生而言，集体氛围太重要了。有了同学一起学习、一起吐槽分享，很多居家的问题都迎刃而解。当然对于这些特殊的学生，我们需要多关注，如果他们在学校表现不错，就不需要再去纠缠他们居家学习的往事；但如果确实依然如故，则可以适当干预，让他们适应学校的生活。还有就是，我们这段时间要多关注家长管理孩子的方法，返校后积极反馈孩子好的一面，家校合力来促进孩子的成长。

广东省惠州市第三中学欧秀丽：这很像我班的一个爱玩手机的男生。他经常玩手机到很晚，早上就请假，有时下午也请假，都是说身体不舒服。他妈妈没上班，爸爸经常在外，很少回家，所以他和妈妈的矛盾很多。他妈妈根本拿他没办法，不管他还好，一管他就鸡飞狗跳。他爸爸妈妈都觉得没办法了。他妈妈说："欧老师，让他给你做儿子吧，我真的不想理了。"他爸爸也跟我说："由他去吧，累了。"在父母眼里，他就是一个不爱学习、爱玩游戏、爱睡懒觉、爱吃垃圾食品的孩子，他们都想放弃了。我跟孩子说："你有无限的潜力，你身上有很多优点呢，如特别机灵（行动和思维都很活跃）、特别独立（一个人在寒假期间去日本旅游）、特别有思想（他有很多与众不同的观点和想法）。"孩子竟然跟我说："老师，我哪有什么优点呀！我全身都是缺点，我觉得我没有什么好的。"我就不断和家长进行沟通，让家长多发现孩子的优点，多鼓励、引导孩子。孩子在班上有好的言行，我就当众表扬他；如果他做了违反纪律的事，我就私下批评教育他，而他自己选择"奖励劳动"。有一次周末上午，我带班上几个后进生（这男生在内）出去参加公益学习活动。下午他妈妈跟我说，孩子今天下午终于愿意和同学出去玩了，她觉得很开心，很感谢我。现在孩子的表现越来越好，亲子关系有很大的改善。所以，我们应该发现孩子的闪光点并放大它，同时让孩子多参与一些有益的集体活动，让良好的学习氛围和环境影响孩子。

2. 建议家长先关注孩子情绪，协助孩子解决问题

甘肃省平凉市泾川县城关教育周洁：我的孩子上高二，她每天总是说自己好烦，感觉生活得没有意义。我就和她说无论能不能考一所好大学都无所谓，前提是必须有一个健康的身体和阳光积极的心态。如果没有这两样东西，所有的美好都将归于零。我顺从她，和她聊天，想通过说心里话来建立一种平等互动的母女关系，让她能对我畅所欲言。她之所以产生这种想法肯定是因为心里某个地方，或者身上某个地方，或者生活中某个地方，让她心里焦虑不安。这个时候父母只能帮助孩子解决问题，不能再制造问题了。

广东省惠州市第三中学欧秀丽：我经常跟家长说，要特别重视关注青春期孩子的情绪，关注孩子的一言一行，关注孩子的表情和身体状况。如果感觉孩子出现情绪不对的情况，我们一定要控制住情绪，先深呼吸，然后仔细观察，根据孩子的性格特征，了解孩子的情绪，接受他的情绪，帮助他处理情绪，解决他的问题。我们班有三个被医院确诊为重度抑郁的孩子，他们都在吃药控制。对这三个孩子，我特别关注，几乎每天都要和家长沟通。到目前为止都还好，没有任何意外事故发生，亲子关系比以前好了很多。

3. 积极和学生沟通，建立和谐关系

惠州市惠东县惠东中学初中部冯利芬：班主任可以跟她面对面地交流，走进她的内心，跟她做好朋友！上学期我班上有个女生也是得了抑郁症，情况还是比较严重的那种，从初一就开始吃抗抑郁症的药，整个人看起来是不太正常的。我是初三才接手她所在的班级，对她完全不了解，得知有天晚上，她自己代签名请假出去了。我第二天立刻找她了解情况，一开始，她还是什么都不说，于是我找她来到只有我们两个人的地方，通过聊天谈心的方式，打开她的心扉。我们聊了两个小时，聊到她眼泪不停地往下掉，她终于说出了积累在心里的事。初中生抑郁的原因应该都大同小异，如父母的问题（缺乏陪伴、不理解、无沟通）、同学之间的问题（被看不起、相处出现问题等），她原本整个人是比较抑郁的状态，手上有很多伤口。同时，班主任跟她父母的沟通也很重要，多方面实施开导，她就会慢慢走向比较乐观的状态。现在我俩是无话不谈的好朋友，她和同学也相处得很融洽！

广东省惠州市第三中学欧秀丽：就上面提到的那个男生，我经常和他谈心沟通，一周五天起码四天都有和他沟通，有空就多聊几句，和他开开玩笑。因为他长得矮小，我经常都是把手放在他的肩膀上，和他并排站立低头笑着和他说话。我常说："我特别喜欢你，喜欢你炯炯有神的眼睛，喜欢你的笑容，喜欢你的可爱。将来你成大人物了，可别忘记我哟！"他总是很不相信地说："老师，是真的吗？我可以吗？"我说："当然可以呀，不信你将来走着瞧！"所以他慢慢地相信了我说的，而且越来越听我的话，所以后来我才能带他出去参加活动（家长没有去）。

4. 帮助孩子树立"言而有信"的品德，同时做到换位思考

贵州省关岭布依族苗族自治县第三中学郭清荣：如何让孩子言而有信？这是一个育人的问题，我们必须从多方面考虑，不能随便下结论。首先，我们要分情况。孩子言而无信一般有两种情况：一种是经常性的、长期性的，造成这种现象的原因可能是养出来的；另一种是偶尔性的、临时性的，造成这种现象的原因可能是逼出来的。其次，我们要了解孩子言而无信的根源是什么。我想根源主要是以下几个方面：

（1）家庭方面。家庭成员之间经常说话不算话，特别是在孩子小的时候，父母教育孩子时经常哄小孩这样那样的，后来一样都没做到，而孩子问起时，家长们还继续撒谎、敷衍孩子，久而久之，在孩子的心里也埋下了撒谎敷衍的种子。

（2）学校方面。功利性教育让孩子们心理压力大，同时很无奈，于是就只有撒谎，临时敷衍老师（如请假时写的假条，老师们可以认真调查一下，有多少是真实的），如此这般，孩子尝到甜头，就会得寸进尺。

（3）社会方面。生活中有些人言而无信，挂羊头卖狗肉，搞形式主义。这些可能都会对孩子造成消极影响。

最后，知道了孩子言而无信的情况和根源后，我们就可以对症下药了。如果孩子经常性、长期性地言而无信，这可能是养出来的，要纠正孩子的这种行为，涉及家庭教育、学校教育、社会环境教育等方面，家庭、学校、社会要形成合力，这需要一个过程。第一，作为父母或者家人，我们一定要严于律己，管好自己，对孩子、对他人承诺的事一定要有回应，做不到的也要有个说法。第二，作为教师或教育者，我们要求真务实，不要向孩子施加太大的压力，自己也要做言而有信的人，更要亲身示范。第三，不管是家长也好教师也罢，我们要换角度考虑问题，要了解孩子的能力和耐性，不能随随便便就叫孩子写保证、做承诺，孩子在心里不愿意的情况下写的保证、做的承诺，一般是实现不了的。

如果孩子偶尔性、临时性言而无信，这可能是被逼出来的。我们纠正孩子的这种行为，相比上一种情况要简单得多。我们要先“通情”后“达理”，先走近孩子，用心交流，抒发情感，然后让孩子懂得言而有信的重要性，帮助孩子理解诺言的实质，懂得做人的一些基本原则，鼓励孩子，相信孩子能做到就是了。

四川省南充市文星中学宋剑宏：我们应该容许孩子有犯错的时候，但也应该让他们做出改正的表态。可能有的时候并不是孩子没有发生改变，而是周边的环境一成不变，对他或者她来说，改变的意义不大。那么，当我们注意到孩子极小的转变的时候，我们应该及时给予鼓励。另外，我个人认为，给孩子足够的独立思考的空间更为重要。很多时候，孩子的一言一行往往是在反馈周边环境，也许我们一边在想办法转变孩子，另一边依然在给他带来困扰，正负抵消了。所以我觉得孩子有想法不行动终究是有原因的，如果无法改变外界，向外的道路截断了，或许我们可以从孩子本身出发。知错能改，善莫大焉。

佛山市三水区乐平中学汪婷婷： 我也赞同宋老师您的观点，孩子肯定会犯错，我们也是在犯错中长大的。我班上的学生曾经与年级长发生过这样一件事情。晚自习时有几个学生迟到被年级长看到了，几个学生立马说：“我们下次不会了，我们会改正的，我们接受惩罚，但是我们认错态度很好，年级长能不能罚轻一些？”但是年级长认为这些学生在敷衍他，说：“认错态度好就可以不罚了吗？”第二天，年级长把这个事情反馈给我，我就以这件事情为案例跟大家展开分析：态度好当然是对的，但更重要的是知道错了要去改正，说到做到，遵守学校的时间制度。后来很长一段时间这几个学生没有迟到过了。有时候，大人对一件事情的态度或者观点不一致也会影响孩子对是非对错的判断力，也会影响孩子的行动力。

广东省惠州市第三中学欧秀丽：我赞同郭老师、宋老师的观点，是的，孩子“言而有信”是一个重要的好品德，而孩子的“言而无信”却有很多的原因，我们大人也是如此，何况是孩子呢？我们要从原因上找对策，才能做到因材施教。当然，父母和教师言传身教和榜样作用特别大。同时，我们要允许孩子在错误中成长，做到爱中有严、严中有爱，多鼓励孩子。我会跟孩子说：“只要你们相信自己能做好，你们就会想办法做好，我永远相信你们潜力无限。”我班上的后进生越来越“言而有信”了。

三、研讨总结

网课的“后遗症”，无论是在学习方面还是在亲子关系方面都慢慢地浮现出来了。在孩子方面，我们可以先处理情绪——让不良情绪流淌出来，心中自然可以灌注新的能量；在家长方面，我们可以将心比心，理解家长的难处，但是提醒家长对孩子的问题要在爱的前提下解决，利用错误引导孩子体验犯错的自然后果。

四、专家视角

因学生的行为问题且家长无法顺畅地解决而引发的亲子矛盾的现象，在家庭教育中不在少数。如今的孩子都是“网络原住民”，他们一出生就在互联网时代，网络就像一个他们离不开的器官。而20世纪七八十年代的家长顶多算是“网络观光客”“网络移民”。两代人对网络的利弊有较为悬殊的判断，亲子之间的矛盾焦点存在着两极分化的现象。解铃还须系铃人，要解决由此引发的亲子矛盾问题，还是要回归到手机问题上来。部分家长对于孩子玩手机如同对待“洪水猛兽”般，处理起来往往是“过犹不及”，改善亲子关系的前提是家长要改变对孩子玩手机的态度。

在改善亲子关系问题上，我们可以采用“积极关注”的方式。“积极关注”是心理咨询中常采用的一种方式。“积极关注”就是对求助者的言语和行为的闪光点、光明面或长处和潜力予以选择性的关注，从而使求助者拥有更客观的自我形象、正向的价值观和积极的人生态度。“积极关注”从正向引导家长进一步看到孩子的优点、长处和潜能，从而接纳和谅解对方。

专家简介

李芬爱，阳江市阳东区金湾学校校长，中学高级教师；第三批广东省名班主任工作室主持人，广东省家校共育讲师团讲师，阳江市家庭教育讲师团讲师；曾获特级教师、南粤优秀教师、广东省名班主任、广东省三八红旗手、广东省百名优秀德育教师、阳江市优秀共产党员、阳江市名班主任、阳江市三八红旗手等荣誉称号；先后主持4个省级、1个市级和1个区级课题，有三项德育成果获省一等奖；40多篇教育教学论文获各级奖励或发表；2021年出版个人专著《教育，请许给孩子一个美好的未来》。

本期研讨主持人及文档整理人：佛山市三水区乐平中学　汪婷婷

第㉚期
大事件，班长不干了！

一、典型案例

佛山市实验技工学校郑丽婵：我的班上有这样一个学生，上学期她跟我主动请缨要当班长，刚好这学期担任班长的学生身体不好，请假回家休养，于是，我任命了这个学生为新班长。一个月后，她发现当班长并不是那么容易。同学质疑她的能力，她自己也没有做到以身作则。因此，她跟我提出不再当班长，还“效仿”前班长，找了一个借口想要请长假回家。最让人生气的是，她在出发前才跟我提出请假的要求。

各位老师，如果你是我，你会怎么处理这个事情？

二、一线碰撞

深圳市育新学校黄伟娴：我会对该学生表达同情和理解，找契机重新培养学生的自信心，关键是要教给她做事的方法，培养她的组织管理能力和责任心。最后，通过此个案进行集体教育，强化班级学生的主人翁意识，培养自主管理的氛围。

深圳市格致中学刘永要：我有几点建议，①班长是班主任自己选还是民选？如果是民主选举，那么就可以在很大程度上避免学生对她的质疑，因为她是有群众基础的。就算有质疑和摩擦，也是“人民群众内部矛盾”，比较容易解决。另外，民主选举会有神圣感，会让学生个人格外珍惜。②学生自己认为班长一职干不下去了，可能是因为信心不足，或者是身心疲惫了。班主任可以做一些必要的安抚和指引工作。③班干部能力也是需要培养的。如果班长能力欠缺，班主任可以培养她，并且给她足够的发挥空间，关键时刻给予她更多的支持。④安排班长助手，甚至成立班干部主席团，分担班长的权力和责任，让他们凡事都可以有商有量，共同解决，这样就可以大大减轻班长本人的压力。⑤该班长的行为是一种躲避的行为，我相信这是她在无奈之下才采取的下策，你可以和她分析这样做的利弊，期盼她回心转意。⑥如果班长真的走了，学生可以公开讨论：我们应如何对待班长，是质疑还是帮助？我们有没有做好自己的本分？讨论是为了更加了解民意，达成共识，让大家且行且珍惜，为下一任班长的诞生和未来的工作做好铺垫。⑦班长走之前才和班主任说，这是她的策略，所以班主任不必为此生气，理解她、包容她，尽量挽留吧。

黑龙江省景春教育赵春莉：第一步，虚构的奖励，以此来激励她继续当班长。比如，你现在不当班长太可惜了，因为我们就要上报优秀班干部，班委会已经通过了要上报你。第二步，找闪光点。比如，你看你在前任班长请假时临危受命，为班级解决了大难题，明明知道自己没有经验，有时还不能完全做到以身作则，但你有责任心，同学们都佩服你挑战自己的勇气。这一个多月老师知道你付出了很多，身体也不好，但一直坚持着，就怕班级没有班长……（捧，全方位捧）第三步，自我检讨。比如，现在班级工作出了点问题，同学们对你有些不满都是老师工作没做好。老师应该多督促、指导你，再帮你配个班长助理，而不是所有重担压在你身上，自己却完全放手了。第四步，逼到绝路。比如，你看咱班刚有起色，同学们私下里跟我说你能胜任。你看这时候你不干了大家多失望呀！

安徽省利辛张村中心学校高凯：如果不能以身作则，的确能力有限，即使勉强留下来，对她本人、对班级有何意义？不如改变思路，班委由任命制改为学生推荐制或者提名制产生，这样可以激发班干部的工作热情，可以让学生内心信服，可以推动学生自主管理！

黑龙江省景春教育赵春莉：我以前也会马上换人。记得当时有一位自告奋勇的班长不能服众，缺乏能力，我让同学们再次投票选举后换人。一切都顺理成章。但那个同学从此更加成为边缘学生，越来越失去勇气和信心，上高中后的他也总是很内向。我们有一个班的学生，确实可以做到这个不行那个上。但对于孩子，一件事就可能决定其一辈子。这个女生自愿当班长也许是好奇，也许有不自量力，也许没有班长优秀，也许不会承担责任，但她已经身在其位，同意她辞职就是纵容她任性而为，也等于承认她当班长失败、我们任命失败。这给学生的感觉是班长想当就当，不好玩就撤。同时，任何一个人都不想这样退出班级舞台，她也想当好班长。人的潜力是无穷的，以身作则是可以做到的。我们可以找个好的契机让她体面地完成工作。班级管理不同于企业管理。教育为主要目的，给当事人教育，给全班同学教育。人性关怀就体现在孩子有错，我们却要为孩子考虑，甚至为孩子的一生考虑。每个人都有自己的见解，我们更需要思想的碰撞。

安徽省利辛张村中心学校高凯：勉强留人，就是让她免于其难，和撤换走人、一撤了之是两个概念。在正式决定前，我们应充分了解和征求学生的意见和建议，厘清她辞职的真实原因和直接原因，基于学生成长（包括辞职者），讨论一下留任和撤换的利弊，最后将决定权交给辞职者，还给全班学生，强行留任，肯定不妥！

佛山市实验技工学校郑丽婵：感谢大家提供的建议。这个学生，我在她要出发回家前与她谈过。她当时情绪特别激动，主要是她感到同学不听她“管”，认为我没有诚意（她说是因为刚好班长回家了，才让她当班长的），并且一定要回家，已经买好了车票。这种行为让我感觉很不好——先斩后奏。于是我跟家长沟通，家长也不同意她回去（家比较远）。她得知不能回去后，特别气愤地顶撞了我，接着上课开始不在状态，照镜子，睡觉……

黑龙江省景春教育赵春莉：我还是坚持先摆明她行为中的优缺点。在全班讨论前，我们应先了解当事人的真实心理，尽最大可能教育她做好表率，这既是爱护更是教育她承担责任。这不是勉强留人，是把一次突发事件处理到可能的最好结果。

安徽省利辛张村中心学校高凯：给她时间，给她温暖，给她信心！

黑龙江省景春教育赵春莉：班主任可以把回家和辞职分开处理。同意她回家，班主任代她当班长，等她回来；也给她留机会，她就不会产生放弃、抵触的想法和行为。

佛山市实验技工学校郑丽婵：是的，她要求回家一个月，最后我批了一周。后来，家长也跟我说不让她当班长。

中山市第一中学刘思栩：究竟是回家还是辞职？我觉得这个学生要请假回家你不批，有情绪是正常的！至于辞职，可以跟她说缓一缓，考虑考虑再说，毕竟班长说不干就不干，对于班级不好！拖过一周，再找她谈心。如果她还想留任就挽留，不想或者她坚决不从就表示遗憾，以及说明她不任班长对班级的影响，以示重视，这也是对学生的保护。

佛山市实验技工学校郑丽婵：其一，她是在节假日前请假，学校不允许学生节假日前请假，除非特殊原因；其二，她在买好了车票后，出发前才找我请假。因此我才不批的。

中山市第一中学刘思栩：如果最后留任，还要做足同学们的工作，给班长台阶下！如果不留任，除了给她台阶下还得跟同学们说清楚班级的现状以及班长的位置多么重要！至于请假没按学校规定，我们可以忽略不计，一切以班级大局为重。我猜这个学生回家是求安抚，辞职是刷存在感！请假不成撒气是觉得自己得不到爱、没有安全感，最后应该会留任。你要让她觉得不好意思了就会留任了。

黑龙江省景春教育赵春莉：留任是承担责任，是全新的开始，是按合格班长标准严格要求自己，最后让同学认可。给了面子也要给板子，更要给状子。如果再过段时间发现这个班长没有人品，没有能力，更不懂珍惜，那我们就找个借口让大家选择。

中山市三角中学胡凤璐：我觉得不合适就是不合适，勉强没有幸福。如果学生没有自信还可以鼓励一下，如果连自己都管不住自己，而且能力根本不行，我们就该换一个人，既是对这个学生好，也是对其他学生负责，毕竟班级氛围和班风对学生非常重要。只不过在换的时候，我们应该有技巧地换，如换个职位，留住她的面子让她有台阶可下。我们还要注意对这个学生进行心理疏导，不要与她发生正面冲突。谁不想被温柔对待呢？我们常说亲子关系是家庭教育的核心，其实师生关系也是教育能否取得成效的关键。为什么学生喜欢哪科老师，哪科就会学得特别好呢？师生关系也是人际关系的一种。教师既不能只讲道理不讲情分，也不能只谈感情，更需要一些技巧去处理和疏导学生。在班级开一个主题班会，让学生各抒己见，谈谈班级管理，如我们愿意怎么被管，班级如何做到民主管理，如何促进班风建设。在引导之下说不定会有让教师惊叹的成果。换位思考吧，我觉得这个学生现在肯定很难受，她最初抱着美好的憧憬想得到教师和同学的认可，但是由于能力不足、方法不对，现在教师和同学都对她有负面评价，她的压力肯定很大。她现在最想解脱。但其实她还小，她不知道的是就算她不做了，也会有很多风言风语。青少年阶段，朋辈的评价对他们影响最大。所以现在，教师应该帮助她解决一下同学们与她的矛盾，或是教给她方法。我觉得孩子还是孩子，阅历尚浅，不能说他们没有人品、没有能力和不懂珍惜。我们应该思考如何塑造他们的人品，提高他们的能力，教他们学会珍惜。不管是成人还是孩子，我想我们都有过自我怀疑的时刻，都彷徨过甚至退缩过。如果有一个良师益友，真挚地鼓励我们、帮助我们、教导我们，让我们相信自己可以，甚至让我们产生一种不能辜负他的期望的想法，这多么难得，又多么常见。

化州市兰山中心小学李洁霞：既然是她主动想做的事，她就会努力去把事情做好。也许是处事方式方法不对，没能得到同学的肯定。我会想办法帮助她，创造机会让她在同学面前树立威信，让她带着成就感去继续努力！

湛江市第八小学钟佩银：回家，是心理承受太多压力的歇息，也是一种思考。个人认为班主任只需温情沐浴，一封信、一份祝福，让她回家，让她顺心顺意。人的心灵路程太累，就需要驻足；我们的工作，也需要反思，反思她从主动请缨发展到现在的局面，到底是什么原因。制度和环境的延续性、前任班长所留下的模式的影响和左右打架的思维以及她对自己的怀疑，使她产生自卑感，想要逃避。也许她不是真的想辞职，只是用这种方式，委婉地表达每个人存在的重要性。班主任引导班级舆论也很重要，一个人之所以走到这一步，不是她所愿意的，如果风生水起，春风得意，谁会这样选择？智慧的关爱和用心良苦的心灵引领很重要！

事件后续及处理：

（1）基于学生当时的情绪及学校管理制度，我没有批准学生回家，而是马上与家长沟通，争取家长的理解并让其姐姐与该学生电话联系，安抚其情绪。

（2）五一放假时，该学生发信息跟我道歉，但让我感觉很生硬。随后，家长也通过电话跟我反映，不想让孩子担任班长，只想让孩子在校专心学习。虽然我也清楚地跟家长说明担任班干部可以锻炼孩子的领导能力等，但家长心意已定。

（3）五一放假回来后，我没有马上宣布这件事，但是她手头负责的事情，我安排了其他同学处理。这样做有两个目的：一是我需要让她好好冷静、反思，因此在这个时间段，我对她很“冷”；二是目前她不在状态，无心处理班级事情，而事情总得有人去完成。我没有用温和的方式去挽留该学生，因为在此之前，她还是纪律委员时，就已经出现过一次这样“甩手不管”的情况，当时我苦口婆心地跟她长谈了一次，她也答应我以后不管怎么样，遇事不再任性，结果，没多久又“重蹈覆辙”。虽然我对她的态度很“冷”，但是我并没有放弃她。在班会课、早会中，我把话题设置为任性、懂事、遇事该怎么处理……“他山之石，可以攻玉。”我相信总有一句话能够触动她。果不其然，两个星期后，她主动找到我，跟我说：“老师，我想跟您说……”这一晚，她跟我聊了很多，从开始做班长被同学质疑，到情绪爆发顶撞我，再到被我“冷落”一个月的感受和反省。从她主动找我谈的那一刻起，我知道，这个孩子长大了。第二天，我在班里正式宣布她不再担任班长。我之所以没有再让她担任班长，是因为我有以下考虑：一是她确实态度坚决地跟我请辞了，虽然我知道她那时候情绪不稳定。恰恰是因为这一点，我更要让她明白一个道理，那就是不管什么时候，我们都要为自己的言行负责。二是家长也明确跟我说过不希望让她继续担任班长。经过这段时间的观察，这个学生的状态慢慢回到正轨。科任老师跟我反映她比以前用功、努力。她现在遇到事情会先跟我商量。

附：学生的信和我的感悟

老师，我想对您说

对于上次我对您的不尊重态度，我感到很抱歉。回到家的那天我非常忐忑，原因是我不知道该怎样面对您，该怎样和同学相处。我想了很多回去后面对您的场面，都是不太理想的，很苦恼。

那一晚我都没玩手机，一直在想这件事，也在一一分析。可是任凭我怎么想，我都认为自己没有错，是老师您错了，是您没有顾及我的感受。那时候，我也跟父母和好朋友聊了，可是他们都认为错的是我，每个人都说我错了，难道我真的错了吗?

本来回到学校的那天，我姐让我好好地、诚恳地跟您道歉，我那时候犹豫了很久，可是还是没有勇气当面跟您说。最后决定发信息给您，但是发出去以后，我感觉字都是冷冰冰的，一点都不温暖。

假期后回到学校见到您，我感觉和从前一样，您似乎并没有讨厌我，这和我当初想的画面很不一样。转眼一个月过去了，一直到昨晚，我终于鼓起勇气当面和您道歉。

记得您跟我说的最深刻的一句话："你有一副好牌，却把它打得很烂。"不得不说，我真的做错了，脾气过于火爆，很任性，这一段时间，我经常深刻地反省。

最后，恳请您再相信我一次，我会好好努力、改正。

我的感悟

有一种成长叫疼痛，青春期爱的教育，是在痛苦中开出的花儿。

苏联教育学家苏霍姆林斯基曾说过："只有能够激发学生去进行自我教育的教育才是真正的教育。"真正的教育只有当学生有自我教育的要求时才能实现。

是的，学生的自我教育是让学生自己悟出道理，而非教师苦口婆心地说道理。

从这个学生一开始意气用事，到经历痛苦挣扎，再到最后的冷静、道歉的态度的历程来看，我的"冷处理"已初见成效，对她的短期教育也达到了预期的目的。

心理学家马斯洛说过：“挫折对孩子来说未必是件坏事，关键在于他对待挫折的态度。”怎样让学生在面对挫折时懂得反思和成长，我想，我们除了用爱去灌溉，还需一点“冷酷”，给他们一个自我完善的时间，耐心地等待他们蜕变、成长。

三、专家视角

关于“临时班长事件”的研讨，我有如下几点感受：

（1）教师们在教育理念上达成共识，这是学生个体成长中的关键节点，要观照到学生的心理感受，谨慎处理，艺术处理。

（2）教师们在分析问题上尽可能做到复杂性思考，这是基于每位教师的经验积累，尽量避免主观臆断。

（3）由于只给了问题情境，没有更详细的背景资料，教师们的分析判断与策略选择缺少了针对性。这需要提供问题情境的教师尽可能提供多的案例描述，本着研讨的客观心态，既分析学生也反思自己。背景因素包括学生的个性特点、思维特点、行为模式；学生与同学的关系，班级整体的学生关系，形成怎样的班级氛围；教师自己在事件中的内心真实感受，对这个临时班长的态度及与其日常互动方式，二人的关系怎样，教师与班级整体学生的关系怎样，对班级管理与教育的理念、方式方法、行为模式。

（4）这个问题情境的研讨带给我们一些对共性问题的思考：学生领导力的培养，学生岗位教育的理念与方法，学生个体挫折教育的智慧，等等。

（5）希望继续跟踪这个问题，也感谢郑老师能够提供这么好的真实案例，以研究的心态记录过程，包括师生对话、孩子行为的观察、后续的班级群体教育引导行动等，为大家提供了更好的研究资源，以此让我们走向行动研究的深处！

专家简介

王慧婷，女，教授，黑龙江省教师发展学院德育教研室主任。

本期研讨主持人及文档整理人：佛山市实验技工学校　郑丽婵

第㉛期
如何维持一年级学生的课堂秩序？

一、典型案例

刚入学的一年级小学生，在上课的时候，基本有三种令人头疼的表现：一是一直问与讲课内容无关的问题，打断教师的讲话；二是睡觉、看向窗外和玩文具；三是和旁边的同学打闹。有些教师制定课堂口令，也给遵守纪律的孩子贴小红花，但是这种现状的改善效果不明显。也有的老师说是因为老师的威严不够，有学生吵闹了，要立刻惩罚他，还要制定一些奖励规则，如攒够20个小红花可以拿到礼品等。但是，有时候你会发现就算故意板着脸，学生也不怕。威严要如何树立呢？

二、一线碰撞

1. 我们了解孩子的心理吗

商丘市前进小学林慧珍：首先，一年级刚入学的学生有这三种情况属于正常表现，教师要正确看待；其次，教师不要急着讲课，要先与学生建立良好的关系，逐渐形成班级规矩，用心了解每个学生，和学生一起活动交流，建立心灵契约。

中大附中三水实验学校刘玻：这个年龄段的学生有其特点，教师可以看一下心理学方面的书。我们教师要先从心里接受一年级学生的种种表现；最好给学生做示范，如从讲台走到教室外面，待一会儿再进教室，然后和学生讨论一下教师这种行为，把教师离开教室的行为和学生课堂随便提问的行为做比较。

2. 一年级，建立规则意识很重要

云南省楚雄开发区永安小学张海琼：对于这样的学生，或这样的班级，我宁愿不上课也要先管理好课堂纪律，纪律不好，坚决不开讲。除此之外，对于打断教师提问的学生，我会每天下课多与孩子沟通，让他下课再说，课堂上不提问与讲课内容无关的问题；对于睡觉、不专心的学生，这个很简单，我会让他坐在第一排，离教师近一点，经过一次次提醒，他就会慢慢变好；对于打闹的学生，我必须让他承担打闹引起的不良后果。

合肥市十里庙小学沈召梅：一年级学生刚入学出现这些状况很正常，我们应在心理上藐视，战术上重视。开学第一个月，教师千万不能急着教课本知识，而是应立规矩。正如上面教师所说的，当课堂纪律混乱时情愿不上课，也要加以整治。上课时学生书本如何摆放、小手放哪儿、身体怎么坐、眼睛什么时候看哪儿，教师都必须和他们说清楚。规矩立得越细越好。接下来就是教师必须按立的规矩来落实。对于问与课堂内容无关问题的学生，我们可以在第一次时提示他，如果他总这样，我们就冷处理不予理睬，然后下课找他单独谈话，说清教师的要求；对于不听课的学生，就需要时时提醒，刚入学，一节课要有大半的时间提醒他注意听课；同时对表现好的学生当场表扬，给其他学生树立榜样！

河南省长葛市八七中学车秀丽：正面管教。我们把这个问题写到每天的日程上，每天让学生讨论如何解决这个问题。请记住，这是在解决问题，是在引导学生，而不是惩罚，我们要让学生知道自己上课应该怎么做，或者让其他同学帮助这些学生。

3. 杀鸡儆猴，你赞成吗

河南省长葛市八七中学车秀丽：我们讨论过杀鸡儆猴的最终结果是猴子也学会了杀鸡。刚进入小学的学生会有失落感，无归属感。教师的责罚只会加重他们的这种感觉。一个行为不当的学生是一个丧失信心的孩子，一个受到鼓舞的孩子不需要行为不当。鼓励不是对不良行为的奖励，而是会消除学生对不良行为的需要。

佛山市南海中学分校麦彩桃：对于小学生，我知道当场凶他效果不长久。我会采用单独谈话—鼓励—榜样—间断激励提醒的方式。具体操作如下：我会在课后找个合适的时间和他从无关紧要的事情谈起，可以拉家常（拉近距离，让学生减少戒备心理）。接着，我会转入正题，鼓励他，让他多说点自己的想法，如在课堂上为什么会这样做（一般没有交流障碍的学生应该会回答一些），从他的微表情和回答中判断他的动机。然后，我会对他进行正面教育，分析这样做不正确的原因（讲道理要通俗易懂，小学生不懂那么多大道理）。最后，我会给他找个班里表现好的榜样，让他上学偶尔偷偷看看那个同学，向他学习，能做到什么程度就给他奖励，不能做到的，该惩罚的还是要惩罚（赏罚分明）。坚持一天，我会第二天私聊他，询问他昨天的成果和感受，然后不间断地询问和激励他，他应该多少会有改变的吧！

昆明市石林县民族小学杨晓婷：我去年带过一年级的学生，我来谈谈我的做法，供大家参考。第一种情况是学生一直问与讲课内容无关的问题，打断教师的讲话。刚入学的学生，因为自制力弱，活泼的学生就会出现有话就要讲的情况，你就让他先讲完，否则他还是要和周围的同学讲。接下来，我抽空告诉他，上课时要专心听教师和同学发言，只有学会倾听别人说话、尊重别人的学生才能赢得别人的尊重，和他讲换位思考，如果自己讲话时别人不好好听，还打断他讲话，他心里什么感受。让他明白之后，上课我就留意他的表现，只要他专心听讲了，就使劲表扬他，在班上也可以经常树立专心听讲的榜样供孩子们学习。大家要持之以恒地训练，包括讲他们喜欢的童话故事，然后随机提问。长期坚持培养学生的倾听能力，学生才能提高学习成绩。第二种情况是睡觉、看向窗外和玩文具。如果学生上课睡觉，你首先要询问他哪里不舒服。如果有，及时通知家长带学生去看病，如果不是身体生病，就要联系家长，强调培养孩子早睡早起的好习惯；对于看向窗外和玩文具的孩子，可以提醒他小眼睛看教师，小手放好，如果说了几遍他还反复玩，可以叫他将文具交到讲台上由教师暂时保管，让他上课好好听讲，下课可以取回去。第三种情况是和旁边的同学打闹。有打闹现象的学生以男生居多，他们好动，自制力弱，只是一味凶他或严厉制止收效不大。我会先教给他们上课正确的坐姿、站姿、握笔的姿势等，一节课反复关注，并提醒他们，做得好的赶紧表扬或奖励奖品，实在不听的在教室最后留一个椅子，让他单独坐着想想，想好了重新回座位。对于这类学生，教师还要在课堂或课间多组织一些活动，帮助他释放多余的精力，还要和家长沟通，让家长多陪伴孩子参与运动或家务劳动，既能锻炼身体又能提高孩子的专注力。总之，一年级孩子的习惯培养费时费力，好习惯不是一朝一夕就能养成的，需要教师和家长长年累月地共同努力，方能见效！

佛山市三水区实验小学黄诗梅：刚刚从幼儿园步入小学的孩子，都是家长手里的宝，很多的问题其实不在孩子身上，是来源于家长。所以，当我知道要接一年级的时候，我一般会做以下几件事：

（1）环境育人，精心布置班级环境，营造一个可爱轻松的氛围。教室前面的黑板，我会用彩色卡纸打印好“一（6）班，我们的家”，配上白云、树木和泡泡的简笔画，告诉学生他们所在的班级就是新的家。后面的墙报用醒目的标语展示：“我是小学生啦！”另外，我还会设计一个照片墙，让学生做一张附有证件照的自我介绍的卡片，在开学第一天亲手贴上去，增强入学仪式感。

（2）习惯育人，从每一个小的习惯入手，进行规范的训练。利用集体的力量，使个别比较调皮的学生在耳濡目染的训练中，慢慢知道要听教师的话。例如，练习进入教室的礼仪。我先亲身示范，轻轻敲门三下，然后响亮地说：“报告，教师！我可以进来吗？”接着，我按教室指定的行走路线回到自己的座位。然后全班学生在座位上进行统一练习。最后，学生按座位的顺序在教室外排好队，一个接一个练习进入教室的礼仪。我就在一旁给每个学生拍照，上传班级微信群进行实况播报。这样的做法，既有班级统一的练习，又有个人的亲身练习，家长也能及时看到孩子的情况（做得不好的，家长自然会在家进行加强练习）。

（3）家校协同育人，用足够的耐心消除家长的焦虑。这一点在第一次与家长见面时，在建立班级微信群时，显得尤为重要。我们千万不要想当然地以为家长什么都能配合班主任，要把家长也当成一年级的小孩，耐心地讲解和给予帮助，从而消除家长心中“怎么办”的疑虑。家长放轻松了，听得进教师说的要求了，自然就会配合教师对孩子进行教育。我的做法是，在拿到学生名单后，三天内记住学生的姓名和家长的工作单位等基本资料；打通全班学生家长的电话进行自我介绍、学前准备工作须知转达和初步了解学生情况；做好两份学生的姓名卡片，一份贴在学生的桌角，一份挂在学生的胸前；与家长见面时，为学生挂上胸卡，马上对号入座，跟家长简单聊聊对孩子的印象，拉近与家长的距离，留下美好的第一印象，为以后的工作做铺垫。

在开学之前，需要做的工作还有很多，我就不一一列举了，因为一年级新生的教育工作繁杂且累人，不是三言两语能道尽的，只有亲身经历过，才知道其中的滋味。我会细心聆听群里各位教师的宝贵意见，取长补短，使开学第一课做得更细、更顺当。

三、研讨总结

从教师们的留言中，我们可以看到，儿童的种种行为背后，往往有我们大人所未能理解的心理因素。作为教师，我们应该心平气和，从儿童的视角出发，用充满智慧的方法去处理儿童的这些行为。

四、专家视角

课堂纪律是为了形成课堂秩序，培养学生行为习惯而设定的规则，它能保证教学有效地进行。特别是在新课程理念下，为了让课堂活而不乱，教师必须处理好课堂纪律问题。其实，学生不遵守课堂纪律既有其自身的主观原因（如低龄儿童生理上和心理上的特点），也有来自教师的客观因素的影响（如教师的授课和班级管理的风格）。所以，作为教师，我们要坦然地面对一年级学生不遵守课堂纪律的问题，承认其存在的合理性；也要想方设法，多研究儿童心理，提高教学水平，从原因入手，有针对性地去促进学生改变，有的放矢。具体措施建议如下：制定班级规则，养成行为习惯；发挥榜样作用，培养自律意识；尊重学生人格，建立和谐的师生关系。当然，必要的时候，也要学会恰当地处理已经发生的课堂违纪现象。

专家简介

李小鹰，女，四川省资中县人，重庆第二师范学院教师教育学院副教授。

本期研讨主持人及文档整理人：佛山市三水区华侨中学　胡碧华

后 记

2016年11月，广东省刘永要名班主任工作室成立。工作室成立以来，以“学而不倦以育己，春风化雨以育人”为发展理念，积极进取，锐意创新，走上专业成长的道路。至2018年，经过一年多时间的耕耘，工作室发展成拥有5000多人的全国教师成长共同体“永要德育联盟”（以下简称“永联”）。永联依托10多个微信群，以网络主题研讨为特色发展方向，致力于德育问题的研讨，致力于构建中小学德育问题解决方案库，成功组织了500多期网络主题研讨活动，取得了丰硕的成果。这本书，就是永联的教师们开展网络主题研讨的成果之一。

谁曾想到，我们竟然汇聚了来自全国各地的教师们共同参与研讨！谁曾想到，我们还把研讨成果编辑成书，要正式出版了！

正如我在序中所言，此书的编辑出版，于“永要德育联盟”而言，具有非凡的意义。时至今日，我们虽然没有再开展主题研讨活动，但主题研讨活动给我们带来的启发、成长、创造力，都深深影响着我们每一个永联人。联盟联通，互联研讨，这个意义在于我们不是一个人在战斗，我们发现和我们一样具有教育情怀的人还有很多。前行路上，我们并不孤单。

很庆幸，永联能把这些优秀的德育人、这些专业的力量凝聚起来。我们汇聚在一起，专注班主任工作及其研究，互相影响、互相砥砺，共同携手走了很远。

永联见证了很多优秀教师的成长，而这些优秀教师也见证了永联的成长。在永联发展的过程中，有太多太多的教师默默地参与着我们的研讨，他们或许只是偶然加入了永联研讨群，接着就被那么多教师孜孜不倦的精神所吸引，成了永联教师成长共同体的一部分。永联有你们，真好！

2022年，当我们计划整理主题研讨成果交付给出版社出版的时候，永联核心群内格外热闹，大家纷纷报名担任编委，并且根据分工认真阅读和梳理我们的研讨成果，挑选出优秀成果汇编成册，邀请来自全国各地的德育名家、名班主任等为我们的成果集撰写"专家视角"点评，这些点评，于我们而言，弥足珍贵。这些专家们的点评也让我们的研讨更加专业、更有力量。在此，我代表本书编委会对专家们的热情参与和真诚付出表示衷心的感谢！本书有你们，真好！

在书中，大家可以看到，来自全国各地的专家、教师们参与了我们的研讨活动。从2017年到2022年，本书的研讨成果跨度比较大，到本书出版之时，有不少教师的工作单位已经变换了，有不少教师的职称已经升级了，有不少教师的岗位也已经发生了变化，但我们尽量没有去对这些信息做出修改，因为，我们想真切地记录这些时刻，记录这些我们一起携手留下的美好的印迹。

本书中出现的教师我要感谢，本书中没有出现的那些一直默默关注着我们的教师，我同样要感谢，并表达我深深的敬意！没有你们，便没有我本人以及永联的稳步发展。时至今日，永联的研修路径已经多元化，但给我留下最深刻印象的依然是主题研讨的那段时光，那段忙碌而全身充满力量的日子，那段每天都写一些文字、每天都做一些教育思考的日子，真的太值得回味了。

2021年下半年，我调动至深圳市格致中学工作，得到了魏恤民校长的厚爱。魏校长专门为永联人搭建了研修基地的空间，助推永联向上向善持续发展。在这里，我向魏恤民校长致以崇高的敬意，并表达我深深的感激之情。

感谢大家，感谢支持和鼓励过永联发展的每一位教师，你们是永联得以坚持发展的后盾。永联人，将继续秉承"学而不倦以育己，春风化雨以育人"的发展理念，继续通过各种研修路径提升自我，惠及学生。

是为后记。

广东省深圳市格致中学　刘永要

2022年10月